Hardy Meyer-Belz

einmal anders predigen

lich kommen?“ fragten sie Abraham ungeduldig als sie dieses Mal wieder gemütlich ums Feuer sassen und sich wärmten.
Der Hirte schaute sie an, dachte nach und sagte dann, jedes Wort abwägend: „Ich weiss es nicht. Es kann Morgen sein oder in vielen Jahren. Eines aber weiss ich: Er wird kommen und wir sollten uns vorbereiten. Es ist unsere Aufgabe ihm und seiner Herrschaft den Weg zu ebnen, sein Kommen vorzubereiten. Denkt daran, was Gott uns im Buch Jesaja aufgetragen hat: „Bereitet dem HERRN den Weg, macht in der Steppe eine ebene Bahn unserem Gott!“
„Wie aber können wir dem Messias den Weg eben? Ihn bei seiner Mission unterstützen?“ wollte Ruben wissen. Abraham schwieg und warf noch ein Holz ins Feuer. Benjamin meldete sich: „Ja, was Ruben fragt interessiert mich auch. Wie können wir Gott helfen seinen Frieden in unsere Welt zu bringen? Wie können wir helfen, dass diese Welt besser wird?“
„Diese Antwort muss Gott euch selber geben. Betet zu ihm. Er wird euch antworten“, sagte Abraham geheimnisvoll. Dann stand er auf, um bei der Herde nach dem Rechten zu sehen. Auch die drei Freunde erhoben sich. Es war spät geworden. Sie verabschiedeten sich und versprachen ihn bald wieder zu besuchen.
Aber es sollte anders kommen. Ihre Schulzeit war vorbei und sie begannen einen Beruf zu erlernen. Sie verloren sich aus den Augen und hörten nur noch aus der Ferne voneinander. Und bald war es auch damit vorbei.
Nun geschah es viele Jahre später, dass die drei zufällig in der gleichen Zeit ihr Heimatdorf besuchten. Sie feierten ihr Wiedersehen im Hause von Rachel, Rubens Schwester. Sie erzählten einander, was inzwischen geschehen und was aus ihnen geworden war.

Benjamin war Schriftgelehrter geworden, ein ehrenwerter Rabbi. Er kannte die heiligen Schriften gut, war angesehen und viele Leute hörten auf ihn. Sie grüssten ihn ehrfurchtsvoll.
Ruben war Kaufmann geworden. Er war oft auf Reisen und hatte Handelsniederlassungen in vielen Städten im In- und Ausland. Er hatte Erfolg und war reich geworden.
Chaleb war in die Politik gegangen und wurde eines der jüngsten Mitglieder des Hohen Rates. Er verkehrte in den vornehmsten und einflussreichsten Häusern des Landes. Viele Mächtige kannte er persönlich.
So erzählten sie einander. Plötzlich fragte Ruben die anderen: „Und, habt ihr eine Antwort gefunden?" - Die beiden anderen warfen sich fragende Blicke zu. „Worauf?" fragte Chaleb. „Wie wir dem Gesandten Gottes den Weg in die Welt, zu den Menschen ebnen können."
„Ach ja, " meinte Benjamin: „Ich habe zwar nicht mehr viel darüber nachgedacht, aber ich habe ihm einiges zu bieten. Man hört auf mich. Ich werde ihn bei den Leuten einführen und vorstellen können. Es ist mir ein leichtes für ihn Versammlungen zu organisieren."
Rachel, die bis jetzt still im Hintergrund gewesen war, setzte sich zu den drei Freunden. Ruben schaute sie an, dann die anderen und sagte: „Diese Frage hat mich ständig begleitet. Auch ich will das Kommen des Messias vorbereiten. Darum bin ich Kaufmann geworden. Wenn er kommt braucht er doch Geld für all seine Aufgaben und sicher ein gutes Beziehungsnetz, um seine Anliegen zu verbreiten. In all den Jahren habe ich mir ein beträchtliches Vermögen erarbeitet und viele Beziehungen im In- und Ausland geknüpft. Darauf wird er zurückgreifen können."
Chaleb hatte interessiert zugehört. Nun sagte er: „Mein Weg ging in eine andere Richtung, obwohl auch ich von dieser Frage geleitet wurde. Ich bin in die Politik gegangen. Inzwischen habe ich viel Einfluss und kenne viele mächtige Leute. Ich werde den Messias mit den einflussreichsten

Dieser habe berichtet, dass Gott seinen Sohn in die Welt geschickt habe. Das Neugeborene liege in einer Krippe in einem Stall. Sofort sei er hingegangen. Alles war so, wie der Engel es gesagt hatte.
Auch andere Hirten seien dazugekommen. Sogar Weise aus dem Osten haben an die Stalltüre angeklopft. Sie seien einem besonderen Stern gefolgt, welcher sie zum neugeborenen König der Juden geführt habe.
„Schön und gut“, unterbrach Ruben den Redefluss des alten Mannes: „Aber wie weisst du, dass dieses Kind wirklich der versprochene Retter von Gott ist? Kinder werden ja jeden Tag geboren!“ - „Er hat zu mir geredet!“ - „Geredet?“ wunderte sich Benjamin: „Wie denn?“ - „Ohne Worte, direkt in mein Herz hinein“, antwortete Abraham: „Aber schaut, dort drüben ist der Stall.“
Zweifelnd gingen sie hinter dem Hirten zum Stall. Es war alles so anders als sie es sich vorgestellt hatten. - Sie traten durch das Tor in den Stall. Dort gab ein Mann gerade einem Ochsen und Esel Heu zum Fressen. Eine Frau hatte ihr Kind an der Brust und summte leise vor sich hin. Die Mutter schaute auf und hiess sie willkommen.
Die Besucher brachten kein Wort hervor. Schweigend setzten sie sich auf den Boden und versuchten zu verstehen, was hier vor sich ging. Die Mutter nahm das Kind von der Brust und legte es Rachel in die Arme. Diese fuhr ihm vorsichtig und zärtlich über den Kopf und schien in tiefe Gedanken zu versinken. Die Mutter lächelte. Die Züge des Kindes entspannten sich und bald darauf war es eingeschlafen.
Aber auch in den Gesichtern der drei Freunde konnte ein aufmerksamer Beobachter eine Veränderung wahrnehmen. Die Sorgenfalten wichen einer tiefen Ruhe. Statt Zweifel strahlten sie plötzlich Ruhe und Zuversicht aus.

Nach einiger Zeit erhoben sie sich. Rachel betete das Kind in die Krippe. Dann schauten die vier nochmals zu den Eltern und dem Kind zurück, nickten und gingen wortlos mit Abraham hinaus in die helle Nacht.

Benjamin war der erste, der das Schweigen brach: „Jetzt verstehe ich Abraham, was du gemeint hast, als du sagtest, dass der Messias dir direkt ins Herz gesprochen hat. Ich habe es auch gehört."

„Mein Kind war ganz aufgeregt als ich das Neugeborene in meinen Armen gehalten habe", sagte Rachel immer noch in Gedanken versunken. „Und plötzlich ist mir klar geworden, dass ich gerade durch mein Muttersein dem Sohn Gottes den Weg zu den Menschen ebnen kann. Gibt es etwas Grösseres und Gott Wohlgefälligeres als Leben weiterzugeben, Leben zu hegen und zu pflegen, Leben zu schützen und Leben freizusetzen?"

„Gott hat seinen Sohn in die Welt geschickt, um das Leben, das er uns Menschen gegeben hat, zu bewahren, es vor der Zerstörung und der Unmenschlichkeit zu retten. Er will uns ein Vorbild geben wie wir als Menschen menschlich miteinander leben sollen und er wird uns helfen es im Alltag in die Tat umzusetzen, wenn wir auf ihn hören."

Ruben umarmte seine Schwester und sagte dann: „Ja, deine Berufung ist wahrlich gross. Alles, was wir tun, würde wenig nützen, wenn es keine Mütter und Väter gäbe, die das uns von Gott anvertraute Leben weitergeben und pflegen?"

„Und doch sind nicht alle Menschen, dazu berufen Vater oder Mutter zu werden", sagte Benjamin nachdenklich. „Leben weitergeben, hegen und pflegen kann man auch anders, eigentlich überall und in jeder Aufgabe. Das ist mir klar geworden. Auch ich habe sein Reden in meinem Herzen vernommen. Dem Messias den Weg bereiten heisst, meinen Platz im Leben, an den Gott mich berufen und befähigt hat, einzunehmen und dort in seinem Sinn zu leben und zu wirken."

„Es geht nicht darum, dass ich als Rabbi und Bibelausleger möglichst bekannt und beliebt werde, dass ich möglichst viele Menschen zusammentrommeln kann. Vielmehr soll ich versuchen mit den Menschen den Weg Gottes zu gehen und ihnen helfen ihr Leben auf Gott auszurichten, in seine Richtung zu schauen. Dann werden auch sie den Messias erkennen können. So kann ich ihm den Weg in die Herzen der Menschen ebnen."

„Tja," meinte Chaleb darauf: „Ich habe an der Krippe erkannt, dass ich mich geirrt habe. Der Messias braucht meine politische Unterstützung, meine guten Kontakte gar nicht. Und doch will er sie nutzen, weil er mich brauchen will, weil er mich einlädt am Frieden, den er bringen wird, mitzuwirken."

„Ich kann als Politiker ihm mit meinen Gaben den Weg ebnen, indem ich gerade auch dort nach Gottes Wort und Wille frage, indem ich Gottes Anliegen zu den meinigen mache, ja indem ich in der Politik zu einem Lobbyist für den Frieden und die Gerechtigkeit Gottes in der Welt werde. Ich muss lernen Macht zu nutzen, aber nicht zu missbrauchen. Ein schwierige Aufgabe, aber ich will versuchen mich ihr zu stellen. Möge Gott mir helfen."

„Wenn ich euch zuhöre, merke ich, dass die Stimme in meinem Herzen wirklich auch Gottes Reden war", sagte Ruben. „Auch ich kann als Kaufmann den Messias bei seiner Friedensmission unterstützen, aber eben anders als ich es mir vorgestellt habe. Der Messias braucht kein Geld und doch kann ich mit meinem Geld, meinen Möglichkeiten und Fähigkeiten ihn unterstützten."

„Gott hat mir die Gabe gegeben ein begnadeter, reicher Kaufmann zu werden. Viele Menschen arbeiten für mich. Gott hat sie mir anvertraut. Ich habe die Aufgabe für sie zu sorgen, zu schauen, dass es ihnen gut geht und dass sie ein Auskommen haben.

Mein Vermögen ist eine Herausforderung, die Gott mir anvertraut hat. Ich muss beweisen, dass ich sinnvoll und menschenfreundlich damit umgehen kann. Mir ist viel anvertraut und darum erwartet Gott auch viel von mir. In diesem Sinn kann Gott mein Vermögen und mein Beziehungsnetz tatsächlich für seine Sache brauchen."

„Ja", sagte endlich der alte Abraham lächelnd: „Es kommt nicht drauf an, was du bist oder welchen Beruf du ausübst, sondern ob du bereit bist an deinem Ort, mit deinen Gaben und Fähigkeiten den Menschen ein Mitmensch zu sein. Gott den Weg bereiten heisst: Seinem Frieden, seiner Gerechtigkeit, seiner Liebe den Weg zu den Menschen bereiten und das können wir nur, wenn wir bei uns selber beginnen."

WANN ÖFFNEN DIE MENSCHEN DIE AUGEN?

Sanft fuhr Daniel dem kleinen Hund durchs Fell. Heute hatte er zum ersten Mal die Augen geöffnet. Der Vater hatte Daniel den Hund geschenkt. Er hatte ihn Shalom genannt. Er sagte: "Ich habe dich, kleiner Hund, so gern wie den Frieden." Daniel war mit seinen Eltern und anderen Hirten auf den Feldern um Bethlehem. Sie wanderten mit ihren Herden herum. Wenn an einem Ort alles kahl gefressen war, zogen sie weiter.

Es wurde Abend. Daniel lag in seinem Bett. Die Erwachsenen sassen noch um ein Feuer herum und erzählten Geschichten. Bald waren es nur noch wenige. Unter ihnen Samuel, Daniels Vater. Er war tief in Gedanken versunken. In letzter Zeit war er still geworden. Man sah ihn selten lachen. Darauf angesprochen sagte er nur: "Gott hat uns vergessen." Und: "Gott hat die Welt und alles vielleicht geschaffen, uns dann aber uns selber überlassen. Wir sind zu klein und unbedeutend für den grossen Gott. Er hat Wichtigeres im Sinn."

Plötzlich blendete sie ein helles Licht. Die Hirten fuhren zusammen. Angst packte sie. Da hörten sie, wie eine Stimme aus dem Licht zu ihnen sprach: "Habt keine Angst! Ich bringe euch eine gute Nachricht. Gott hat in dieser Nacht seinen Sohn, den Messias gesandt. Er will euch seinen Frieden bringen. Geht! Ihr werdet das Kind im Stall in einer Futterkrippe finden."

Und plötzlich war der ganze Himmel voller Stimmen, die Gott lobten und sangen: "Ehre sei Gott in der Höhe und Friede auf der Erde bei den Menschen, die er liebt." - Dann waren das Licht und die Stimmen weg, so plötzlich wie sie gekommen waren. Die Hirten waren noch ganz benommen als Samuel sagte: "Das müssen Engel vom Himmel gewesen sein. Wir sollten uns auf den Weg machen und nachsehen."

Sie machten sich auf den Weg nach Bethlehem. Nur einer blieb bei den Schafen. Doch sie waren nicht allein. Unbemerkt folgte Daniel den Männern. Er war vom Licht und den Stimmen erwacht. Auch er wollte den Messias sehen. In seinen Armen hielt er den kleinen Shalom.

Zur gleichen Zeit war noch jemand unterwegs zum Stall. Es war der reiche Kaufmann Isaak. Eben war er von einer langen Geschäftsreise nach Hause gekommen. An der Tür war er von der Haushälterin empfangen worden.

Isaaks Augen suchten Mirjam, seine Frau. War etwas nicht in Ordnung? Sonst war sie immer da, wenn er zurückkam. Die Haushälterin sah seinen suchenden Blick und sagte: "Deine Frau ist zum Stall beim Olivenhain gegangen. Dort hat eine junge Frau ein Kind geboren. Sie wollte diese armen, obdachlosen Leuten zu uns ins Haus holen. Aber sie ist noch nicht zurückgekommen."

Isaaks Mine verdüsterte sich. Waren ihr diese Fremden denn wichtiger als er, der lange weggewesen war! Sie wusste genau, dass er fremde Leute in seinem Haus nicht mochte. Wütend machte er sich auf den Weg zum Stall.

Die Hirten kamen nach Bethlehem hinein. In der Eile überrannten sie beinahe einen Mann, der in Gedanken versunken daherkam. Es war Kaleb, ein angesehener Mann aus Bethlehem. Was wollte der noch so spät und allein?

Kaleb galt als rechtschaffen und zuverlässig. Er lebte nach dem Motto: "Tue Recht und scheue niemand." Und doch war er erfüllt von einer grossen inneren Unruhe und Leere. Tief drin war eine Sehnsucht, die manchmal in der Nacht so stark wurde, dass er aufstand und durch die Strassen lief.

Er sagte sich: "Ich gebe mir so viel Mühe recht zu leben, mit niemandem zu streiten und zu tun, was nötig ist. Und doch fehlt mir etwas. Da muss mehr sein. Gott, wenn der Weg zum Glück auf dem rechten Tun beruht, warum spüre ich dann so wenig von dir? Ich gebe mir so viel Mühe! Irre ich mich? Zeige mir, wie meine tiefe Sehnsucht gestillt werden kann!"

So in Gedanken war er beinahe mit den Hirten zusammengestossen. Diese berichteten ihm von ihrem Erlebnis und fragten nach dem Weg. Kaleb stutze und sagte dann: "Das kann nur der Stall beim Olivenhain sein. Kommt, die Sache interessiert mich. Ich zeige euch den Weg."

So kamen sie zum Stall. Zaghaft traten die Hirten mit Kaleb ein. Da war tatsächlich ein Neugeborenes an der Brust der Mutter. Neben ihnen war Josef, der glücklich seinen Arm um Mutter und Kind gelegt hatte. Beiden sah man das Glück und die Strapazen an. Josef begrüsste sie freundlich. Die Hirten erzählten alles, was geschehen war und warum sie gekommen waren. Maria hörte aufmerksam zu und bewegte die Worte in ihrem Herzen.

Das Kind war eingeschlafen. Maria wollte es in die Krippe zurücklegen. Da kam eine Frau aus dem Hintergrund, nahm ihr das Kind aus den Armen und legte es sanft ins Stroh. Dann half sie der müden Maria sich hinzulegen. Es war Mirjam, Isaaks Frau.

Kaleb stand neben der Krippe, sein Blick ganz aufs Kind gerichtet. Er nahm seine Umgebung kaum wahr. "Du kleines Kind. Du bist Gott, haben die Engel gesagt! Aber kann das sein, so klein, schutzlos, verletzlich und ganz auf die Hilfe anderer angewiesen? Warum kommt Gott in Gestalt eines Kindes? Das muss eine tiefere Bedeutung haben! Gott gibt sich selber in unsere Hände, er vertraut sich uns an! Wir sind ihm sein Vertrauen wert, obwohl wir selber uns oft schwer tun mit dem Vertrauen, mit dem Vertrauen in uns selber, dem Vertrauen anderen gegenüber, aber auch dem Vertrauen, Dir, Gott gegenüber."

Kaleb seufzte tief. "Gott hat sicher Freude an meinen Bemühungen das Rechte zu tun. Jetzt aber sehe ich, dass Gott mehr im Sinn hat. Er will zu mir kommen, wie das Kind zu den Eltern, ganz nah. Er möchte Raum

bekommen in meinem Leben, damit er wie das Kind in mir wachsen kann. Er will mehr als meinen guten Willen, er sucht mein Herz."
Plötzlich öffnete sich die Türe und ein Mann trat herein. Es war Isaak. Er erblickte Mirjam, packte seine Frau am Arm und zog sie nach draussen. Die anderen schauten ihnen ratlos nach. Nur Maria blickte hoffnungsvoll zur Tür.
"Was soll das Mirjam“, sagte Isaak aufgebracht: "Ich komme nach langer Zeit nach Hause und du bist nicht da. Sind dir denn diese fremden Leute wichtiger als ich?" - Mirjam schaute ihren Mann traurig an und sagte: "Sind wir uns in all den Jahren nicht auch fremd geworden, Isaak? - Manchmal habe ich das Gefühl, du seiest auch dann weg, wenn du da bist." - "Was heisst das?„ Isaak schaute Mirjam wütend an: "Machst du mir Vorwürfe, weil ich beruflich verreisen muss. Aber irgendwer muss ja dafür sorgen, dass du und die Kinder Kleider, Nahrung und ein Zuhause haben."
"Dafür bin ich dir auch dankbar“, sagte Mirjam: "Aber es gibt mehr als Kleider und Nahrung, ein Zuhause ist mehr als ein luxuriöses Dach über dem Kopf. Du hast uns sehr viel gegeben, hast deine Kraft und Zeit eingesetzt, aber das Wichtigste ist uns dabei verloren gegangen, dein Herz." Isaak liess Mirjam los und schaute sie fassungslos an.
"Ich hatte Angst vor deiner Rückkehr“, sagte sie weiter: "Ich spürte, so kann es nicht weitergehen. Da hörte ich vom Schicksal dieser jungen Familie. Ich kam hier her, um sie zu uns zu holen. Aber hier fand ich einen solchen Frieden, ein solches Zuhause, obwohl es nur ein Stall ist. Hier habe ich etwas von der Herzlichkeit gefunden, die ich zuhause vermisset habe, darum wage ich es nicht meine Einladung auszusprechen."
Sie schwiegen beide.
Dann schaute Mirjam ihrem Mann tief in die Augen und sagte: "Isaak, ich bin nicht mehr die Frau, die du geheiratet hast. Aber ich werde da sein,

wenn dein Herz zu mir zurückkehrt." Darauf drehte sie sich um und ging hinein.
Verwirrt schaute Isaak ihr nach. Durch die offene Tür sah er wie sich Mirjam neben das Kind kniete und es streichelte. - Plötzlich war ihm, als ob er sie mit neuen Augen sehen konnte. Wann hatte er sie zu Letzt bewusst betrachtet? Er sah die grauen Strähnen in ihrem schwarzen Haar, die kleinen Furchen im Gesicht. Sie war nicht mehr jung, aber sie strahlte Ruhe und Reife aus. Sie war eine Persönlichkeit. Isaak spürte etwas in seinem Herzen, das er schon lange für tot gehalten hatte, ein flaues Gefühl wie als er sie zum ersten Mal gesehen hatte.
Josef trat zu ihm und legte ihm die Hand auf die Schultern. Da ging ein Ruck durch Isaak. Er ging zur Krippe, richtete Mirjam auf und sagte: "Ich war blind. Verzeih mir. Ja, ich möchte zu dir zurückfinden und dich neu kennen lernen. Mir sind heute Nacht die Augen für vieles aufgegangen. Hilf mir!" Dann nahm er sie in seine Arme und sie weinten. Er weinte all die Tränen, die sich über Jahre angestaut hatten. Maria aber lächelte.
Den Hirten war das Ganze etwas peinlich. Samuel sagte endlich: "Hier, bei diesem Kind spüre ich einen tiefen Frieden, einen Frieden, wie ich ihn schon lange gesucht habe, wie ihn nur Gott geben kann. Ich habe Gott den Vorwurf gemacht, dass er in seiner Grösse und Allmacht uns vergessen oder übersehen hat. Jetzt aber ist es mir wie Schuppen von den Augen gefallen: Gott ist noch grösser als ich gemeint habe. Er ist so gross, dass er sich sogar um die kleinsten Kleinigkeiten kümmert. Dieses Kind zeigt mir, wie Gott sich um alles kümmert, auch um mich. Ich bin ihm nicht zu klein oder zu unbedeutend. In diesem Kind hat sich der grosse Gott zu mir kleinem Menschen hinuntergebeugt. Er nimmt sich die Mühe zu uns zu kommen, mitten in unsere Welt, in unseren Alltag."
"Ja“, sagte Josef: "Gott ist uns oft viel näher als wir meinen. Oft sehen wir nichts von ihm, weil wir am falschen Ort suchen oder weil unsere Au-

gen für sein Wirken und seine Gegenwart verschlossen sind, so wie die Augen des schlafenden Kindes geschlossen sind."

"Du, Papi", fragte plötzlich eine Kinderstimme: "Wann öffnen eigentlich die Menschen die Augen." Es war Daniel mit dem kleinen Shalom. Er hatte sich unbemerkt zur Krippe geschlichen. Alle lachten, Samuel aber wies Daniel zurecht: "Die Menschen können von Geburt an sehen, das ist anders als bei Hunden, das weisst du doch. Aber wie bist du eigentlich hierhergekommen?"

Noch bevor Daniel antworten konnte sagte Kaleb: "Vielleicht hat der Junge gar nicht so unrecht. Wann eigentlich gehen uns die Augen auf für das Wichtige im Leben? Ich habe zwar wie ihr alle Augen und doch war ich in mancher Hinsicht blind. Dieses Kind, das von Gott kommt, hat mir erst die Augen geöffnet für das, was wirklich zählt und glücklich macht."

Isaak und Samuel nickten. War es ihnen nicht ähnlich gegangen?!

Daniel streckte dem aufgewachten Kind den kleinen Hund entgegen: "Hier, kleines Kind, das ist mein Hund Shalom. Er heisst so, weil ich den Frieden mag. Magst du den Frieden auch?" Samuel zog Daniel zurück und sagte: "Nicht zu nahe, der Hund ist ja ganz schmutzig." Josef aber erwiderte: "Lass nur, dieses Kind ist nicht in unsere Welt gekommen, damit wir es vor Schmutz und Übel bewahren. Es ist vielmehr gekommen, um uns zu helfen und unser Leben ins Reine zu bringen, indem es all das Schmutzige auf sich nimmt und uns so hilft es zu bereinigen. Es soll uns die Augen öffnen für die Wirklichkeit Gottes, die so viel grösser ist als wir sehen können. Dieses Kind soll den Frieden Gottes bringen, in die Welt und in unsere Herzen." Maria schaute lächelnd zu Mirjam und Issak und fügte hinzu: "Das aber braucht Zeit."

Weinachten aus der Sicht des Propheten Jesaja
Eine Predigt in 2 Szenen

1. Predigtszene: Jesaja und Baruch

(Jesaja: Alttestamentlicher Prophet; Baruch: Konstruktiver Zweifler)

(Material: Tisch, Schriftrolle, Schreibzeug, Stuhl etc.)

Stimme: Israel, im 7. Jahrhundert vor der Geburt unseres Herrn Jesus Christus. Die Welt steht Kopf. Viele sehen nur noch schwarz. Die einen machen auf Zweckoptimismus, andere gehen im Schwarzmalen auf. Eine beunruhigende Zeit. Es herrscht Krisenstimmung.

Viele fragen: Wo ist Gott? Wie kann er so viel Leid und Bedrohung zulassen? Wann endlich wird er eingreifen, uns helfen? Wann gibt es Licht am Horizont? Oder hat er uns endgültig vergessen?

Israel besteht aus dem Nordreich und dem Südreich mit den Hauptstädten Samaria und Jerusalem. Das Verhältnis zwischen ihnen ist gespannt.

Wie eine riesige Flutwelle ziehen die assyrischen Truppen vom Zweistromland her Richtung Israel und verschlingen alles, was ihnen in den Weg kommt. Die Politiker sind unsicher. Wie sollen sie sich verhalten, welche Politik einschlagen?

In jener Zeit lebte auch der Prophet Jesaja. Durch ihn redete Gott zu den Menschen

Jesaja sitzt am Tisch und studiert eine Schriftrolle, an der er arbeitet. Er macht „Korrekturen“. Es klopft und Baruch betritt den Raum. Jesaja steht auf und reicht seinem Gast die Hand.

Baruch: Shalom Jesaja, der Friede Gottes sei mit dir.

Jesaja: Shalom, Baruch, Friede auch mit dir. Frieden brauchen wir wirklich in dieser unruhigen und dunklen Zeit. Was führt dich zu mir?

Baruch: Der König schickt mich zu fragen, was er tun soll. Du weisst ja: Der König des Nordreiches und die Syrier wollen uns mit ihren Truppen zwingen, sich ihrem Widerstand gegen Assur anzuschliessen.

Er traut der Sache nicht. Er überlegt, ob er den Spiess nicht umdrehen und Assur um Hilfe gegen das Nordreich und Syrien bitten soll.

Sag Jesaja, hast du ein Wort von Gott für den König?

Jesaja: Gott redet immer zu uns, wenn wir bereit sind zu hören. Gott lässt dem König ausrichten, dass er sich weder mit der einen noch der anderen Partei verbünden soll. Gott selber will euch helfen und beschützen. Haltet still und vertraut Gott.

Baruch: Die Hände in den Schoss legen? Das ist doch etwas für Feiglinge!

Jesaja: Manchmal braucht Geduld und „Warten-Können“, das Vertrauen in die Hilfe anderer, gerade auch von Gott, mehr Mut als Aktivismus.

Baruch: Ich weiss, ich weiss - aber eben. Das ist leichter gesagt als getan. Wie aber will Gott helfen?

Jesaja: Komm, ich möchte dir die Worte vorlesen, die Gott mir anvertraut hat. Ich habe sie aufgeschrieben.

(Jesaja liest aus der Schriftrolle vor: Jesaja 9,1-6a).

„Das Volk, das im Dunkel lebt, sieht ein helles Licht; über denen, die im Land der Finsternis wohnen, strahlt ein Licht auf.“

Baruch: Licht am Horizont, das tönt gut. Und weiter?

Jesaja: *„Du erregst lauten Jubel und schenkst grosse Freude. Man freut sich in deiner Nähe, wie man sich freut bei der Ernte, wie man jubelt, wenn Beute verteilt wird. Denn wie am Tag von Midian zerbrichst du das drückende Joch, das Tragholz auf unserer Schulter und den Stock des Treibers. Jeder Stiefel, der dröhnend daher stampft, jeder Mantel, der mit Blut befleckt ist, wird verbrannt, wird ein Frass des Feuers."*

Baruch: Wau, davon können wir nur träumen. Und Gott will all das alles wirklich für uns tun? Ich kann es kaum glauben. Da werden die Leute toben vor Glück. Aber sag Jesaja: Wie wird Gott das machen? Sollen wir ein Heer zusammenstellen?

Jesaja: Nein, Gott geht einen anderen Weg. Höre weiter: *„Denn uns ist ein Kind geboren, ein Sohn ist uns geschenkt. Die Herrschaft liegt auf seiner Schulter; man nennt ihn: Wunderbarer Ratgeber, Starker Gott, Vater in Ewigkeit, Fürst des Friedens. Seine Herrschaft ist gross und der Friede hat kein Ende."*

Baruch: Ein Kind? Habe ich richtig gehört: Die Welt ist am Auseinanderbrechen und Gott schickt ein Kind? Du musst dich verhört haben Jesaja.

Jesaja: Warum? Gibt es ein stärkeres Argument gegen Hass und Krieg als ein Kind? Kindern gehört die Zukunft. Wir sollen nicht vor Augen haben, was für uns das Beste ist, sondern für unsere Kinder.

Baruch: Ja, schon gut, aber was soll ein Kind schon ausrichten gegen die Truppen der Koalition aus dem Nordreich und der Syrier oder gegen die Übermacht der Assyrer? Jesaja, wo bleibt

hier Vernunft und Logik, die Realpolitik und der gesunde Menschenverstand?
Gott soll seine himmlischen Heerscharen schicken, soll ein gewaltiges Wunder tun und so alles wieder ins Lot bringen.

Jesaja: Und dann? Wie lange würde das helfen? Wären wir nicht innert kürzester Zeit wieder gleich weit wie heute? Zugegeben, dein Vorschlag tönt verlockend, aber er bringt uns nicht wirklich weiter.

Baruch: Aber ein Kind schon?

Jesaja: Ja, weil es ein Kind ist, das von Gott kommt. Gott tickt in vielem anders als wir es uns gewohnt sind. Wir tun gut daran ihm zuzuhören, uns auf seine Art einzulassen.

Baruch: Aber ein Kind!

Jesaja: Das Kind wird wachsen, grösser und stärker werden - so wie Gott auch in unserem Leben wachsen möchte. Unser Land ist zwar voll von religiösen Festen und Feiern. Dabei geht es um vieles, aber sehr oft nicht um Gott und seinen Willen.
Gott schickt seinen Sohn zu uns, damit wir in ihm ein Vorbild haben, damit er uns den Willen Gottes vorlebt und nahebringt. Gott will nicht einfach einzelne Wunder tun, da und dort eingreifen, sondern er möchte mit uns leben, Tag für Tag und so Schritte zum Guten tun.
Gott hat uns nicht vergessen, auch wenn wir vom Schicksal geschüttelt werden. Gott ist immer bei uns, geht Schritt für Schritt mit uns vorwärts. Vielleicht tut Gott auch einmal ein Wunder, aber meistens geht er mit uns kleine, alltägliche Schritte. Das eigentliche Wunder dabei ist, dass diese Schritte zum richtigen Ziel führen.

Baruch: Aber sag, wann soll das geschehen?

Jesaja: Gottes Hilfe hat keinen Anfang und kein Ende. Er hat gestern geholfen, er hilft heute und wird uns auch Morgen zur Seite stehen. Wann aber dieses Kind konkret geboren wird, weiss ich nicht. Das weiss Gott alleine. Ich weiss nur, dass Gott seine Versprechen hält.

Baruch: Dein Wort in Gottes Ohr. Aber komm jetzt, du musst nicht mich überzeugen, sondern den König.

2. Predigtszene

(Szene Hotelzimmer: 2 Stühle und 1 Tisch; ein Glas auf dem Tisch)

(Material: Tablett; Flaschenöffner; 2 Gläser; Traubensaft; Mandarine; Kerze; Feuerzeug; Hotelbibel; Glas)

Stimme: Rund 2700 Jahre nach Jesaja, irgendwo in der Schweiz. Die Verheissung hat sich inzwischen erfüllt. Gott hat an Weihnachten seinen Sohn geschickt. Jesus hat Revolutionäres gewirkt. Aber nicht so wie es sich Baruch, der Freund Jesajas, und viele andere vorgestellt hatten. Kein militärischer Herrscher, aber der Anfang einer Bewegung von Tausenden, ja Millionen von Menschen, die bemüht sind in seinen Spuren zu leben.
Bis heute feiern Menschen in aller Welt an Weihnachten den Geburtstag von Jesus, sein Kommen in die Welt. Die diesjährige Weihnachtsfeier ganz anders vorgestellt hat sich Ben Adamson, der am Heiligen Abend ganz alleine in einem Hotelzimmer am Tisch sitzt.

Ben: Jetzt könnte ich mit der Familie zusammen gemütlich Weihnachten feiern. Aber nein, ich sitze alleine in einem Hotelzimmer.

Warum musste ausgerechnet heute diese Maschine aussteigen? Warum wurde ausgerechnet ich auf Montage geschickt? Und warum bin ich ausgerechnet dieses Mal nicht an einem Tag fertig geworden?

(Nimmt eine Mandarine, zieht eine Kerze aus der Tasche, steckt sie in die Mandarine und zündet sie an)

Hmmm (schaut die Flamme an, spielt mit ihr - sieht plötzlich eine Hotelbibel neben sich auf Tisch) - Was liegt denn hier? (nimmt Bibel in die Hand) - Eine Bibel? - Das erinnert mich an früher. Da hat Vater uns am Heiligabend die Weihnachtsgeschichte vorgelesen. Das ist lange her.

(Blättert in der Bibel - schlägt „zufällig" Lukas 2 auf …)

Ben: Ah schau an, die Weihnachtsgeschichte: *In jenen Tagen erliess Kaiser Augustus den Befehl, alle Bewohner des Reiches in Steuerlisten einzutragen. … So zog auch Josef von der Stadt Nazaret in Galiläa hinauf nach … Betlehem … . Er wollte sich eintragen lassen mit Maria, seiner Verlobten, die ein Kind erwartete.*

Und Maria gebar ihren Sohn, den Erstgeborenen. Sie wickelte ihn in Windeln und legte ihn in eine Krippe, weil in der Herberge kein Platz für sie war.

Ben: Hmm klar, Weihnachten ist der Geburtstag von Jesus. Davon ist aber heute zwischen Rudolf und Weihnachtsmännern häufig wenig zu spüren.

In jener Gegend lagerten Hirten auf freiem Feld und hielten Nachtwache bei ihrer Herde. Da trat der Engel des Herrn zu ihnen und der Glanz des Herrn umstrahlte sie. Sie fürchteten sich sehr, der Engel aber sagte zu ihnen: Fürchtet euch nicht, denn ich verkünde euch eine grosse Freude, die dem ganzen

Volk zuteilwerden soll: Heute ist euch in der Stadt Davids der Retter geboren; er ist der Messias, der Herr.

Wie eine Geschichte aus einer anderen Welt. Wie habe ich sie als Kind geliebt, damals!

Aber wie passt das heute zur Wirklichkeit eines Erwachsenen? All dieses Gerede von Freude, keine Angst haben, Retter! Was hat das mit meiner Einsamkeit in diesem Hotel zu tun, der Krebserkrankung meiner Schwägerin, der Ratlosigkeit meines Bruders, der Arbeitslosigkeit meines Nachbarn, der Überforderung von Erich?

Ok, die Geburt unserer Kinder war die grossartigste Erfahrung in meinem Leben. Aber wie kann ein Kind die Antwort sein auf die vielen und grossen Probleme? Wie wäre das wohl, wenn Engel diese Botschaft statt damals den Hirten heute in der UNO oder beim G8-Gipfel oder unter der Bundeshauskuppel verkünden würden?

(Es klopft) Herein

Kellner *(Ein Kellner mit Serviertablett - Flaschenöffner; 1 Glas; 1 Traubensaft - betritt den Raum)* Zimmerservice!

Ben Ich habe nichts bestellt.

Kellner Eine Aufmerksamkeit des Hauses für Gäste, die bei uns Heiligabend verbringen.

Ben Aha, vielen Dank.

(sieht ein Stecknadelkreuzchen beim Kellner). Was haben sie denn da für einen Anstecker? Das Zeichen der Hotelkette?

Kellner Nein, es ist ein Hugenottenkreuz.

Ben Ein Kreuz? Sie sind Christ?

Kellner: Ja, schon.

Ben: Kennen Sie sich etwa mit der Bibel aus?

Kellner Äh ja, ein wenig, warum?

Ben Kommen Sie, setzen Sie sich *(Kellner sitzt ab)* - Ich habe mich eben gefragt, was das Jesuskind von Weihnachten mit unserer Erwachsenenwelt zu tun hat?
Bräuchten wir nicht viel mehr einen Powergott, der wie Superman eingreift, bewahrt und Dinge wieder zu Recht biegt? Was soll ein Kind angesichts all der Probleme?

Kellner Manchmal wünsche ich mir auch einen Powergott, wie sie ihn beschreiben und zwischendurch erlebe ich Gott sogar so. Aber in der Regel wirkt Gott ganz natürlich, Schritt für Schritt. Ich denke, Gott will nicht einfach für uns die Welt verbessern und heilen, sondern vor allem auch mit uns. Dabei fängt er nicht selten bei uns selber an. Denn veränderte Menschen verändern die Welt nachhaltiger als es Wunder können.

Ben Aber ein Kind? Wie soll ein Kind diese Welt verändert können?

Kellner Irgendwie muss es ja anfangen. Weihnachten war der Anfang von einem Prozess. Ein Same ist aufgegangen, aus dem Grosses, ja Gewaltiges geworden ist. Jesus ist nicht klein und hilflos geblieben. In diesem Kind wurde die grosse Kraft und Liebe Gottes sichtbar und spürbar.
Er wurde schon zu Lebzeiten und erst recht nach seiner Auferstehung für unzählige Menschen zu einem hellen, strahlenden Licht, genau wie es der Prophet Jesaja vorausgesagt hat: *„Das Volk, das im Dunkel lebt, sieht ein helles Licht; über denen, die im Land der Finsternis wohnen, strahlt ein Licht auf.“*

Ben Hmm, trotzdem, was hat das mit mir zu tun.

Kellner Das kann ich so nicht sagen, das müssen sie selber für sich entdecken?

Ben Und wie?

Kellner Indem Sie dem Weihnachtskind eine Chance geben auch in ihr Leben, in ihren Alltag, ihre Familie, ihren Beruf, in ihre Freunden und Sorgen zu kommen, indem sie sich von ihm bestimmen und leiten lassen.

Ben Und dann?

Kellner Dann beginnt Gott mit ihnen ihre ganz persönliche Weihnachtsgeschichte zu schreiben. Ihnen wird das eine oder andere Licht aufgehen. Es wird Sie und Ihre Welt verändern - im Sinne Gottes.

Ben Hmm, das tönt spannend. Darüber müssen wir uns noch etwas länger unterhalten. Aber jetzt wollen wir anstossen *(schenkt ein und reicht dem Kellner das eine Glas)*

Kellner Auf das Geburtstagskind?

Ben Auf das Geburtstagskind - und unsere ganz persönliche Weihnachtsgeschichte.

DIE 3 KÖNIGE ERZÄHLEN - EINE SZENE ZUM DREIKÖNIGSTAG (MATTHÄUS 2)

Die drei Könige zu Gast im Gottesdienst

Sprecher Nun sind bereits 2 Wochen vergangen, seit wir Weihnachten, das Geburtstagsfest Jesu Christi gefeiert haben. Am Freitag war der Drei-Königstag zu Ehren unserer 3 Könige, die sich aufgemacht haben den neugeborenen König zu suchen. Eigentlich hatte ich vor Euch etwas über die Geschichte der 3 Könige zu erzählen. Aber jetzt, wo wir so hohen Besuch erhalten habe, ist es wohl besser, wenn die 3 Könige aus dem Morgenland selber berichten, was sie erlebt haben. Zuerst aber habe ich eine Frage an Euch: Wer weiss denn wie die drei Könige mit Namen heissen?

Zuhörer geben Antwort!

Sprecher Jetzt möchte ich aber die 3 hohen Gäste bitten nach vorne zu kommen und uns zu berichten.

Die 3 Könige kommen nach vorne

Kaspar: Es freut uns, dass wir heute bei Euch zu Gast sein dürfen. Gerne möchten wir Euren Gruss erwidern. Wir wünschen Euch den Frieden von Gott. So grüsst man sich bei uns. - Ihr nennt uns die 3 Könige, aber das ist nicht ganz richtig. Wir sind keine Könige, so wie ihr Könige kennt. Vielmehr sind wir Gelehrte, die den Lauf der Sterne erforschen.

Aber das ist nicht so wichtig, da es ja nicht um uns geht, sondern um Jesus, der in Bethlehem geboren ist und den wir dort besucht haben. Ihr wisst von uns, nicht weil wir besonders gescheit wären, sondern weil wir IHN gesucht und gefunden haben. Wir sind heute auch nicht hier, weil wir Euch unsere neusten Forschungsergebnisse erklären möchten, sondern weil wir von IHM berichten wollen.

Melchior: Ja, wir haben wirklich viel erlebt. Lang war unsere Reise nach Bethlehem. Es gab viele Hindernisse, bis wir IHN endlich gefunden haben. Ihr habt ja unsere Geschichte bereits gehört. Aber schliesslich zählt nur das eine: Wir haben Jesus gefunden.

Sprecher: Ihr habt Jesus, den erwarteten Heiland im Stall von Bethlehem gefunden. Aber wie ist das jetzt, nachdem ihr wieder aufgebrochen seid und ihn zurückgelassen habt. Seid ihr nicht etwas niedergeschlagen?

Balthasar: Ja, etwas schon. Gerne wären wir dort bei ihm geblieben. Aber das ging auf die Dauer nicht. Und doch sind wir weder niedergeschlagen noch fühlen wir uns leer. Unser Herz ist voll, ja fliesst über vor Freude und Dankbarkeit über das, was wir gesehen haben.

Kaspar: Wir sind aufgebrochen, um dem neugeborenen König ein Geschenk zu machen. Das haben wir auch gemacht, aber am Schluss waren wir die eigentlich Beschenkten.
Ich brachte IHM Gold, damit seine Eltern genug Geld für den täglichen Bedarf hätten und keine Not leiden müssten. Und als ich das Geschenk überreichte, war mir, als ob ein Engel sagte: "Gott gibt dir zwar kein Gold, aber er wird dir alles geben, was du zu einem erfüllten Leben brauchst. Mach dir keine Sorgen. Jesus bleibt bei dir."

Melchior: Und ich brachte im Weihrauch. Das riecht gut und der Duft hält lästige Insekten ab. So hatte das Kind und alle andern im

Stall Ruhe und konnten ungestört schlafen. Und auch mir war, als ob ein Engel sagte: *"Melchior, Gott möchte auch dir Ruhe und seinen Frieden geben. Du wirst es tief in deinem Herzen erleben. Vertraue nur!"*

Balthasar: Mir ging es ähnlich. Ich brachte Myrrhe. Myrrhe braucht man bei uns als Heilmittel für vieles. So kann man Gesundheitstee daraus machen. Und auch zu mir sprach ein Engel: *"Balthasar, Gott gibt Dir sein Heil und seine Gnade durch das Kind in der Krippe. Nichts soll dich davon trennen!"*

Ja, eigentlich sind wir die Beschenkten. Und es ist eingetroffen, was uns versprochen worden war. Unser Herz ist voll.

Kaspar: Aber nicht nur unser Herz, auch unser Denken hat sich verändert. Durch das Kind in der Krippe sehen wir seither manches mit anderen Augen. Nicht der Mensch ist wirklich gross, der mehr weiss, andere in den Schatten stellen kann, der mehr Geld oder Ansehen hat. Wahre Grösse zeigt sich dort, wo man sich nicht auslacht, sondern hilft, wo die Liebe zu Hause ist.

Melchior: Auch ich habe manches gelernt. Wir suchten den Heiland, den neugeborenen König zuerst im Königspalast in Jerusalem. Es war naheliegend. Doch gefunden haben wir ihn in einem Stall. Anfangs hatte ich Mühe damit, aber dann ging mir ein Licht auf. Jesus kam in einem Stall zur Welt, bescheiden, ohne Glanz und Gloria, weil er für alle Menschen gekommen ist und nicht nur für die, die Zugang zum Königspalast haben.

Balthasar: So etwas habe ich vorher noch nie erlebt. Stellt euch vor. Wir, die wir bei den Leuten grosses Ansehen haben, waren dort Schulter an Schulter mit Hirten. Bei uns heisst es: Wer nichts wird, der wird halt Hirt. Kaum einer traut ihnen. Aber um die Krippe herum war plötzlich kein Unterschied mehr, alle waren gleich - gleich geliebt und angenommen von Gott.
Bei Jesus wurden all diese Unterschiede plötzlich völlig unwichtig. Auch die Eltern machten keinen Unterschied. Sie empfingen die Hirten wie uns, nahmen unsere grossen Geschenke mit dem gleichen Dankeschön wie das Wollpaket der Hirten.
Alle sind vor Gott gleich. Das habe ich damals gelernt. Ich muss aber zugeben, dass ich bis heute zu kämpfen habe, dass auch in die Tat umzusetzen.

Kaspar: Ja, auch mir wurde klar, dass vor Gott alle gleich sind. Seine Liebe und sein Friede gilt allen gleich. Hautfarbe, Schulzeugnis, Mann oder Frau, Beruf oder Einkommen, all das spielt vor IHM keine Rolle. Wichtiger ist, wie es im Herzen aussieht. Wichtig ist die Liebe, das Vertrauen und die Freundlichkeit, die wir miteinander teilen. Da sind wir am Üben. Aber wir spüren, wie er uns hilft.

Melchior: Mir hat die buntgemischte Gemeinschaft im Stall geholfen vorsichtiger mit Vorurteilen umzugehen. Seither versuche ich, Menschen immer wieder neu und offen zu begegnen und nicht schon im Voraus in eine Schublade zu stecken. Das ist leichter gesagt als getan. Aber ich denke, dass erwartet Jesus von mir und ich habe erfahren, dass er mir dabei immer wieder hilft.

Sprecher: Das ist alles sehr interessant, was ihr uns erzählt. Vieles davon haben wir auch erfahren. Anderes war für die einen oder anderen neu. Mich interessiert jetzt aber zum Schluss noch, wie es für euch weitergeht, wo ihr den Heiland im Stall von Bethlehem zurückgelassen habt?

Balthasar: Sicher, unsere Augen sehen Jesus nicht mehr wie damals. Unsere Hände können ihn nicht mehr berühren. Jetzt geht es uns wie euch allen. Und doch, wir haben uns nicht ohne Jesus auf den Heimweg gemacht. Er ist mit uns gekommen.

Kaspar: Jesus ist wie wir Mensch geworden und doch ist er anders. Er ist im Stall zur Welt gekommen, aber er wohnt nicht nur in vier Wänden, sondern vor allem in unseren Herzen, wenn wir IHM dafür Raum geben. Jesus ist mit uns gekommen. Ja, er ist gerade jetzt bei uns, unsichtbar und doch spürbar. Wir spüren seine Gegenwart, nicht mit den Augen und den Händen, aber tief in unserem Herzen. Wir wissen, dass er da ist und mit uns geht.

Melchior: Jesus ist als Kind in die Welt gekommen. Das Kind muss aber wachsen und grösser werden. Aus dem Kind wird ein Mann. Genauso soll Jesus auch in unserem Herzen wachsen und immer grösser werden.

Balthasar: Du sagst das so einfach Melchior. Aber das ist ein tiefes Geheimnis, das schwer in Worte zu fassen ist. Letztlich ist das etwas, das jedes selber erfahren muss. Aber wenn wir ihn aufrichtig darum bitten, dann schenkt uns Gott das ganz bestimmt. Er hat es ja versprochen.

Sprecher: Liebe 3 Könige oder besser: Liebe 3 Gelehrte

Kaspar: Sag einfach: Liebe Brüder und Freunde, vor Gott zählt das viel mehr als alle Titel.

Sprecher: Also, liebe Brüder und Freunde, ich danke Euch ganz herzlich für Euren Besuch und Eure Worte. Es würde uns freuen, wenn Ihr noch etwas bei uns bleiben würdet.

Melchior: Gerne, zum Schluss möchten wir aber noch ein Lied mit/für Euch singen.

Zachäus oder: Bei Gott gibt es keine hoffnungslose Fälle!

"Mutter, ich gehe mit Jonathan in die Oberstadt. " rief Nathanael seiner Mutter zu und schon war er verschwunden. Mit traurigen Augen schaute Deborah ihrem Sohn nach.

Jedes Jahr dasselbe. Im Herbst, wenn das Wetter in Jerusalem rauer wurde, kamen viele Reiche aus Jerusalem nach Jericho hinab. Hier verbrachten sie im milden Klima den Winter.

Im Frühling dann entleerten sich die Winterhäuser der Reichen wieder. Viele wollten zum Passafest in Jerusalem zurück sein. Zuvor galt es noch die Häuser in Ordnung zu bringen. Dabei wurde sehr viel einfach weggeworfen.

Darum zog es die Kinder von Jericho im Frühjahr immer wieder in die Oberstadt. Sie entdeckten unter den weggeworfenen Sachen viele kleine Schätze. Manches davon konnte verkauft werden. Viele arme Familien waren auf dieses Frühlingsgeld angewiesen.

Auch Deborah! - Sie war, weiss Gott, vom Unglück nicht verschont geblieben. Ihr Mann war Kaufmann gewesen. Er musste viel reisen und das war damals alles andere als ungefährlich. Überall lauerten Gefahren wie Räuber, die auf eine günstige Gelegenheit warteten oder wilde Tiere. Deshalb taten sich die Kaufleute für die Reisen normalerweise zusammen. Jedes Mal, wenn ihr Mann unterwegs war, hatte sie Angst und war froh, wenn er wieder heil zurück war. Aber sie hatten zu leben. Nur eines blieb ihnen lange vergönnt, ein Kind. Manche Nacht hindurch hatte Deborah geweint.

Dann endlich nach vielen Jahren - sie hatten die Hoffnung schon aufgeben - merkte sie, dass sie ein Kind erwartete. Gross war die Freude! Aber nicht für lange. Ihr Mann musste überraschend nach Jerusalem reisen - alleine.

Er kam nie wieder zurück. Bei seiner Rückkehr war er von Räubern überfallen worden. Diese liessen den schwer verwundeten Mann einfach liegen. Als man ihn fand war er tot.
Debora weinte lange. Sie war hin und her gerissen zwischen der Trauer um ihren Mann und der Freude über das Kind, das in ihr heranwuchs.
Sie hatte schwer an ihrem Schicksal zu tragen. Immer wieder fragte sie: „Warum nur, warum?" Dann endlich kam der kleine Nathanael auf die Welt. Der Junge wurde ihr grosser Trost und Sonnenschein.
Aber jetzt galt es auch zwei Mäuler zu stopfen. Angehörige hatte sie keine mehr. Es war für Deborah nicht einfach als alleinstehende Mutter. Sie musste gegen Vorurteile ankämpfen. Sie merkte, wie die Leute hinter ihrem Rücken tuschelten. "Das viele Unglück ist sicher eine Strafe Gottes für Schlechtes, das sie getan hat.“ Viele mieden sie, gingen ihr aus dem Weg.
Oft war sie dem Zusammenbruch nahe. Sie musste jede Arbeit annehmen, die ihr geboten wurde, ob sie ihr passte oder nicht.
Zum Glück hatte sie einige wenige Freunde, die ihr halfen, obwohl die meisten selber kaum genug hatten. Unter ihnen war auch der alte Händler Joshua. Er hatte Mühe seine Gefühle zu zeigen, aber immer wieder vergass er - wie zufällig - einige Sachen auf die Rechnung zu nehmen. Das dankbare Lächeln Deborahs war ihm Lohn genug.
Ja, sie war arm, sehr arm, hatte viel erdulden müssen. Oft hat sie die Reichen um ihr Glück benieden. Aber wenn sie dann bei ihnen die vielen leeren Gesichter, die Habgier und das "Nie-Genug-Haben" sah, dann wollte sie nicht mehr mit ihnen tauschen.
Es gab manche Nacht, in der sie weinte. Oft wusste sie nicht, was sie am nächsten Tag auf den Tisch stellen sollte oder sie schämte sich, wenn sie Nathanael im zerrissenen Gewand herumlaufen sah. Sie hatte kein Geld für neue Kleider.

Vor einer Woche - als es wieder besonders schlimm war - hatte Deborah ihren ganzen Mut zusammengenommen und das bisschen Stolz, das ihr geblieben war, überwunden und beim reichen Oberzöllner Zachäus an die Tür geklopft. Sie wollte ihn um eine kleine Unterstützung bitten.
Das brauchte Mut. Zöllner waren nämlich überall verhasst, weil sie mit den Römern zusammenarbeiteten und den Leuten das Geld aus den Taschen zogen, die meisten wenigstens.
Man bezeichnete sie als "hoffnungslose Fälle." Jeder, der etwas auf sich hielt, ging ihnen aus dem Weg. Man spottete und machte Witze über sie - hinten ihrem Rücken. Wer sich mit ihnen einliess, musste damit rechnen ebenfalls ausgestossen zu werden.
Deborah mochte sich den Vorurteilen und der Selbstgerechtigkeit ihrer Umgebung nicht anschliessen. Da war so viel Selbstherrlichkeit und Lieblosigkeit, die sie ja am eigenen Leib erleben musste. Sie selber war tief davon überzeugt, dass der Gott Israels ein barmherziger und menschenfreundlicher Gott ist und dass es für IHN keine "hoffnungslose Fälle" gab, weder sie noch Zachäus. Aber was konnte sie schon ausrichten. Sie hatte genug eigene Sorgen.
So stand Deborah also vor der Tür des Oberzöllners. Dieser war nicht wenig erstaunt, dass eine Jüdin ihn, den Zöllner und Ausgestossenen, um Hilfe bat. Deborah glaubte für einen kurzen Augenblick in seinem sonst so harten und unfreundlichen Gesicht so etwas wie Wärme, wie ein Leuchten bemerkt zu haben.
Aber dann zeigte der Oberzöllner sofort wieder sein bekanntes Gesicht. Er lachte hell auf und meinte achselzuckend: "Bin ich etwa schuld an deiner Not? - Wenn ich dir etwas gebe, dann kommt nachher die ganze Stadt zu mir. Und überhaupt, ich habe genug eigene Sorgen, lass mich in Frieden!" Mit diesen Worten dreht er sich um und die Türe fiel ins Schloss.

Weinend kehrte Deborah an jenem Abend nach Hause zurück und dachte bei sich: "Wie kann einer nur so hartherzig und unmenschlich sein?" Zum Glück hatte Nathanael kurz darauf einige Kostbarkeiten in der Oberstadt gefunden, die sie gut verkaufen konnten. Deborah ihrerseits fand für zwei Tage Arbeit. Für kurze Zeit konnten sie aufatmen.

Gestern dann geschah etwas ganz sonderbares. Die ganze Stadt war auf den Beinen. Es hatte sich herumgesprochen, dass Jesus von Nazareth auf seinem Weg nach Jerusalem in Jericho vorbeikommen würde. Eine grosse Menschenmenge drängte sich auf die Strasse. Und als Jesus dann mit seinem Gefolge kam, konnte er im Gedränge kaum vorwärts kommen. Immer wieder blieb er stehen, redete und lachte mit den Menschen.

Auch einige Vornehme der Stadt waren gekommen. Die meisten von ihnen hielten sich aber im Hintergrund. Man konnte ja nie wissen. Sie trauten diesem Jesus nicht über den Weg.

Auch Deborah war mit Nathanael etwas im Hintergrund. Als sich Nathanael lautstark darüber beschwerte, dass er nur Rücken und keinen Jesus zu sehen bekäme, lachte ein Mann neben ihnen, ergriff den Jungen und setzte ihn auf seine Schultern.

Jetzt hatte Nathanael eine hervorragende Sicht. Ständig gab er seiner Mutter einen Lagebericht von dem, was er sah.

Plötzlich ging ein Raunen durch die Menge. Der Oberzöllner Zachäus war im Anmarsch. Was wollte der hier? Er war klein und sah deshalb wie Nathanael vorher nur Rücken. Keiner war gewillt, den verhassten Oberzöllner nach vorne zu lassen.

Verstimmt zog er wieder ab. Hämische Gesichter schauten ihm nach. Aber kurz darauf konnte Nathanael melden, dass einige Meter weiter vorne, Zachäus auf einen Baum am Wegrand geklettert sei. Ein erwachsener Mann auf einem Baum! Lächerlich!

Die Leute lachten jetzt offen über Zachäus. Man zeigte mit dem Finger auf ihn. Manch einer, der sich bis jetzt nicht getraut hatte, zeigte ihm offen die Faust.

Aber Zachäus liess sich nicht beirren. Was er bis jetzt über Jesus gehört hatte, musste ihn sehr beeindruckt haben, so dass er sich sogar lächerlich machte nur um ihn zu sehen.

Aber Nathanael hatte keine Zeit sich weiter mit Zachäus zu beschäftigen. Jesus war nämlich in der Zwischenzeit in ihre Nähe gekommen. Viele Hände streckten sich IHM entgegen. Er liess sich Zeit.

Plötzlich steuerte Jesus direkt auf sie zu. Nathanel hielt den Atem an. Jesus lächelte ihm zu und streckte ihm seine Hand entgegen. Dann fiel sein Blick auf das traurige und sorgenvolle Gesicht Deborah's. Sie schauten einander lange an bis Jesus endlich sagte: "Du bist dem Reich Gottes näher als du denkst und zu glauben wagst. - Es wird alles gut! Ich bin für die gekommen, die sich verloren vorkommen. Hab Vertrauen, ich bin dein Freund!"

Dann ging er weiter und blieb stehen. Eine drückende Stille legte sich auf die Menge. Jesus war beim Baum stehen geblieben, auf dem Zachäus sass. Statt ihn aber zu verurteilen, wie viele hofften, lächelte Jesus auch ihm freundlich zu und sagte - so, dass es alles verstehen konnten: "Zachäus, komm schnell herunter! Denn ich muss heute in deinem Haus zu Gast sein."

Die Menschen schüttelten den Kopf. Wie konnte sich Jesus mit einem solchen Menschen einlassen? So viele rechtschaffene Bürger waren zu seinem Empfang gekommen und die meisten hätten ihn noch so gerne als Gast empfangen. Stattdessen lädt Jesus sich selber ausgerechnet beim grössten Sünder der Stadt ein. Wie konnte er nur? Viele wandten sich enttäuscht und verärgert von Jesus ab. Er passte nicht in ihre Ordnung, zu ihren Erwartungen, zu ihrem Glauben.

Deborah aber schien tief in ihrem Herzen zu verstehen, warum Jesus zu Zachäus gegangen war. - Er war ja auch zu ihr gekommen! Er hatte den Kummer und die Sorge ihres Herzens gespürt und ihr Mut gemacht. Und hatte nicht sie selber in jener Nacht etwas vom Kummer und den Sorgen, von der inneren Armut des Zachäus gespürt? Sie hatte Mitleid mit ihm. Wie musste dieser reiche, mächtige und gefürchtete Mann doch in seinem Innersten einsam sein, ein Gefangener seiner selbst, ein Gefangener der Umstände, in denen er lebte.

Nein, um keinen Preis hätte sie mit Zachäus tauschen wollen. Sie spürte tief drin, für Jesus war Zachäus nicht wie für alle anderen einfach ein hoffnungsloser Fall, sondern ein Mensch, der Hilfe braucht. Jesus hatte und brachte Hoffnung auch für Zachäus.

Das war gestern gewesen. Heute Morgen war ein neuer Tag - Alltag!

Nathanael war in die Oberstadt aufgebrochen. Deborah musste sich um das Haus kümmern. Viel war liegen geblieben. Arbeit hatte sie keine gefunden. Ein Tag wie viele andere auch und doch hatte sich durch ihre Begegnung mit Jesus etwas Tiefgreifendes verändert.

Sie wollte sich gerade an die Arbeit machen als eine Nachbarin atemlos ins Haus gestürmt kam. Sie wusste zu berichten, dass Zachäus gestern Abend beim Nachtessen wortwörtlich Jesus versprochen habe: "Herr, die Hälfte meines Vermögens will ich den Armen geben, und wenn ich von jemand etwas zu viel gefordert habe, gebe ich ihm das Vierfache zurück." und Jesus soll zu ihm gesagt haben: "Heute hat der Friede Gottes in diesem Haus Einzug gehalten." - "Glaube es, wer wolle", fügte die Frau bei und war schon wieder verschwunden.

Deborah glaubte es. Ja wirklich, sie glaubte es! Von Jesus gingen eine Kraft und ein Friede aus, die Menschen verändern konnten. Das hatte sie gestern selber erfahren. Immer und immer wieder musste sie daran denken. Die Begegnung mit Jesus hatte sie verändert. Sie konnte es

nicht in Worte fassen, aber sie fühlte es, in ihr war etwas Neues aufgebrochen, ganz tief drin.
Sie spürte Leben, Leben, das stärker war als alles Schwere, Zerstörerische und Hoffnungslose. Die Begegnung mit Jesus hatte neue Hoffnung und Zuversicht in ihr aufkeimen lassen. Zum ersten Mal seit langem machte sich Deborah wieder mit einem entspannten Gesicht an die Arbeit. Sie spürte einen Streifen am Horizont ihres Herzens.
Als Nathanael am Abend nach Hause kam, trug er einen kostbaren Mantel unter dem Arm. "Woher hast du diesen kostbaren Stoff", fragte Deborah stirnrunzelnd: "So etwas werfen doch nicht einmal die Leute in der Oberstadt weg?" -"Die nicht“, antwortete Nathanael: "Aber der Oberzöllner Zachäus. Auf dem Heimweg kam ich an seinem Haus vorbei. Viele Menschen standen davor. Stell dir vor: Zachäus verschenkt Kleider und sonstige sehr brauchbare Dinge an die Armen. Und jeder erhielt noch einige Geldstücke, auch ich!" Mit diesen Worten zog Nathanael ein paar Geldstücke aus der Tasche und reichte sie seiner Mutter.
Deborah sah den Mantel an, dann das Geld. So hatte Zachäus ihnen doch noch geholfen, ihre Not gelindert! Was war mit ihm geschehen? Er musste etwas ganz Ähnliches mit Jesus erlebt haben wie sie. Nur so konnte sie sich all das erklären.
Eine tiefe Freude erfüllte sie. Sie freute sich, dass sie endlich für Nathanael ein neues Gewand nähen konnte. Sie freute sich, dass sie wieder für einige Zeit genug zu essen hatten und sie freute sich für Zachäus, darüber, dass es für Jesus keine hoffnungslosen Fälle gibt.
Mit dankbarem Herzen schloss sie ihren Sohn in die Arme. Sie hatte erfahren wie die Kraft der Liebe, die Kraft des Lebens den Tod überwindet. In ihrem Herzen klangen noch immer die Worte Jesu nach: "Es wird alles gut. Hab Vertrauen, ich bin dein Freund!" - "Ja, es wird alles gut, ich will

vertrauen." flüsterte Deborah und als Nathanael sie fragend ansah musste sie lachen, lachen wie schon lange nicht mehr.

MIT DER ZEITMASCHINE UNTERWEGS (ERZÄHLPREDIGT ZU AMOS 5,21-25)

„Ich hasse eure Feste, ich verabscheue sie und kann eure Feiern nicht riechen. 22 Wenn ihr mir Brandopfer darbringt, ich habe kein Gefallen an euren Gaben und eure fetten Heilsopfer will ich nicht sehen. 23 Weg mit dem Lärm deiner Lieder! Dein Harfenspiel will ich nicht hören, 24 sondern das Recht ströme wie Wasser, die Gerechtigkeit wie ein nie versiegender Bach. 25 Habt ihr mir etwa Schlachtopfer und Gaben dargebracht während der vierzig Jahre in der Wüste, ihr vom Haus Israel?"

Liebe Gemeinde

Ich weiss nicht, wie diese Worte auf Sie gewirkt haben? Ich bin erschrocken, obwohl es für mich kein unbekannter Text ist, aber die klaren, undiplomatischen Worte haben es in sich.

Wie kommt dieser Amos zu solchen Aussagen? Was für ein Mensch ist er, dass er den Israeliten solche Worte ins Gesicht sagen kann? Wie muss seine Welt, Zeit und Gesellschaft ausgesehen haben, dass Gott ihn eine solche Botschaft ausrichten lässt? Das sind Fragen, die den Rahmen unserer Verse sprengen. Darum möchte ich Sie auf eine Reise durch Raum und Zeit mitnehmen, zu einer Fantasie-Zeitreise um Amos und seiner Zeit einen Besuch abzustatten.

Bitte steigen Sie mit mir in das Raum-Zeit-Fahrzeug und schnallen Sie sich an. Das Rauchverbot muss ich wohl nicht speziell erwähnen. Auch ist es von Vorteil, wenn Sie Ihr Handy ausschalten. Sie haben unterwegs eh keinen Empfang.

Über Mikrofon meldet sich unser Reisebegleiter zu Wort: „Liebe Reisende, unsere Reise nach Israel zur Zeit des Amos führt uns zurück ins Jahr 760 vor unserer Zeitrechnung. Das Land besteht aus Wüstengebieten ganz im Süden und ziemlich fruchtbaren Gegenden im Norden. Dazwischen hat es eine steppenartige Hügellandschaft. Im Frühling, nach der

Regenzeit, blühen hier viele Blumen und Gras für die Tiere. Eine wunderbare Zeit.
Der Sommer ist sehr regenarm und das Land wird immer dürrer, vor allem im Herbst gibt es kaum noch Nahrung für die Tiere. Nur an wenigen Stellen hat es Quellen, die eine Bewässerung der Felder und Oliven-Bäume erlauben.
Das Klima ist warm und trocken. Die Sonnt brennt. Ich bitte Sie deshalb zur ihrem eigenen Schutz draussen immer eine Kopfbedeckung zu tragen und genug zu trinken.
Noch einige Worte zur politischen Lage: Um 760 vor unserer Zeitrechnung herrscht in der Region so weit Ruhe. Ein reger Handel hält die Menschen in Trab. Viele profitieren davon und sind reich geworden. Aber noch immer gibt es Arme. Die Kinder Abrahams sind immer noch in zwei Länder, zwei Königreiche aufgeteilt. Jerusalem ist die Hauptstadt des Südreichs. In Samaria regiert der König des Nordreichs.
Wie gesagt: Die Lage ist entspannt, die Geschäfte gehen gut. Sie brauchen also keine Angst vor irgendwelchen Anschlägen zu haben. Höchstens Bettler werden Ihnen zwischendurch das Leben schwer machen.“
Mit diesen Worten legt der Reiseleiter das Mikrofon zurück. Wir werden ab und zu etwas durchgeschüttelt, aber nach einem alles in allem recht friedlichen Flug kommen wir an. Wir sind in Samaria, der Hauptstadt des Nordreichs, gelandet.
Sofort werden wir nach dem Aussteigen in ein Gewirr von Stimmen eingehüllt. Die ganze Stadt scheint auf den Beinen zu sein. Die meisten sind zu Fuss, wenige werden in einer Sänfte getragen, Händler haben ihre Eselskarren. Ein buntes Treiben.
Die Luft ist erfüllt von den vielfältigsten, orientalischen Düften. Die Menschen kaufen und verkaufen, reden und diskutieren. Die Stadt macht einen regen, aber friedlichen Eindruck.

Wir laufen durch Samaria. Viele Leute sind fein gekleidet. Es hat viele grosse Häuser mit schönen, üppigen Gärten. Wir sind wohl in einem Nobelquartier. Ein kleines Paradies.
Während wir uns noch staunend umsehen, werden wir von einem königlichen Beamten in Empfang genommen. Dieser führt uns durch die Gassen hinauf zum Königspalast.
In einer grossen Vorhalle empfängt uns der Fremdenverkehrsdirektor von Samaria zu einem Apéro mit Datteln, Feigen und Oliven. Dazu gibt es frisches Wasser und wer will bekommt süssen Wein aus der Gegend.
Der Fremdenverkehrsdirektor nutzt die Gelegenheit zu einer Ansprache:
„Liebe Freunde aus der fernen Zukunft. Herzlich willkommen in Samaria. Ich freue mich ausserordentlich Sie hier bei uns im Namen unseres Regenten, König Jerobeam II, begrüssen zu dürfen.
Sicher ist Ihnen aufgefallen, wie sauber und friedlich unsere Stadt ist. Immer war das nicht so. Noch sind kaum 50 Jahre vergangen, da lag unser Land am Boden. Der damalige König Jehu konnte eine drohende Besetzung durch die mächtigen Assyrer nur dadurch abwenden, dass er ihnen einen gewaltigen Tribut bezahlte. Armut überzog das Land.
Als wir so geschwächt waren, mussten wir hilflos mitansehen, wie die Syrer uns angriffen und Teile unseres Landes wegnahmen. Eine schlimme Zeit. Das Gute an den Assyrern war, dass sie nicht nur den Tribut einsackten, sondern die Syrer aus unserem Land vertrieben haben. Wenigstens etwas.
Und bald darauf kam es innerhalb des Assyrerreichs zu Konflikten. Sie waren so mit sich selber beschäftigt, dass wir unsere Unabhängigkeit zurückholen konnten. Gott war gnädig.
Unter König Jerobeam II, Gott segne ihn, gibt es Stabilität und wir können unsere günstige Lage ausnützen. Einige wichtige Handelswege füh-

ren bei uns durch. Unser Land ist so für Investoren interessant geworden.

Schritt für Schritt kamen wir aus eigener Kraft zu Wohlstand und Ansehen. Was Ihr in unserer Stadt seht, ist die Frucht unserer unermüdlichen Arbeit. Gott meint es gut mit uns."

Sichtlich bewegt von seinen eigenen Worten beendet der Direktor seine Rede. Ich kann es nicht verkneifen und frage nach Amos.

Für einen Moment verschwindet das Lächeln von seinem Gesicht. Schnell hat er sich aber wieder gefangen. Er ist ganz Profi.

„Amos?" - Ach, Sie meinen diesen Ausländer aus dem Süden, der sich bei uns als Prophet aufspielt und die Leute verrückt macht? Eine üble Sache. Der vermischt ständig Religion mit Politik und will uns unsere wirtschaftlichen Erfolg vermiesen. Er redet von einem bevorstehenden Gericht Gottes. So ein Blödsinn! Sehen Sie sich doch um. Alles ist ruhig und sauber. Es gab bei uns bisher keine Probleme zwischen Religion und Politik, Tempel und Stadt. Da lief alles Hand in Hand. Jeder hat sich um seinen Bereich gekümmert - bis dieser Amos auftauchte.

Überhaupt, was versteht schon ein Bauer wie Amos von politischen und wirtschaftlichen Zusammenhängen und Sachzwängen? Mich würde es nicht wundern, wenn er vom Feind bezahlt ist, um bei uns Unruhe und Unordnung zu stiften.

Aber keine Angst, wir lassen uns von solchen Querulanten nicht aus der Ruhe bringen. Lange wird seinem Treiben sowieso nicht mehr zugesehen. So habe ich es läuten hören."

Ich hätte den Direktor noch manches fragen wollen, aber der Reiseleiter mahnt zum Aufbruch. Wir besichtigen den Palast. Ein grosser Reichtum umgibt uns wie zum Beispiel Betten aus Elfenbein. Das Gotteshaus nebenan steht dem Palast in nichts nach. Die Menschen dieser Stadt scheinen sich ihren Glauben viel kosten zu lassen.

Nach der beeindruckenden Stadtbesichtigung ist ein Zusammentreffen mit Leuten aus Samaria vorgesehen. In einer Gaststube verteilen wir uns an verschiedene Tischchen. Zum Glück gibt es Erfrischungsgetränke.
Ich sehe einen freien Platz an einem Tisch, an dem ein älterer Mann sitzt. Sein schwarzes Haar ist noch dicht und ein dunkler Bart umrahmt sein braungebranntes, hageres Gesicht. Eine stattliche Gestalt. Sein Gesicht zeigt Spuren einer schweren Vergangenheit und seine Hände verraten, dass er gewohnt ist anzupacken. Irgendwie passt er nicht so recht hierher in diese prunkvolle Stadt. Ich setze mich.
Er schaut mich schweigend an. Seine Augen sind voll Leben und scheinen mich zu durchdringen. „Na, wie gefällt dir unsere Stadt?“ bricht er endlich das Schweigen. „Soweit ganz gut“, antworte ich: „Ich frage mich nur, ob dieser Wohlstand, diese Pracht auch Kehrseiten hat?“
Über das Gesicht des Mannes huscht ein Ausdruck von Traurigkeit. Seine Gedanken scheinen in die Ferne zu schweifen, an einen wenig glücklichen Ort.
Dann sagt er: „Dieser Wohlstand und Reichtum hat Kehrseiten, und ob. Aber das scheint diejenigen, denen es gut geht, wenig zu kümmern. Geht einmal vor die Tore der Stadt, an die Ränder. Verlasst die Wohlstandsquartiere. Ihr werdet Menschen begegnen, die in ärmlichen Verhältnissen leben, Hunderte, ja Tausende. Einige haben Lehmhütten, andere nicht einmal das. Es fehlt überall an Wasser, vor allem gutem Wasser. Es gibt viel Krankheit, hauptsächlich unter den Kindern. Die Leute sterben früh. Hunger ist ein täglicher Gast.
Glücklich, wer ein eigenes Gewand hat. Die meisten haben gerade mal ihren Lendenschurz und sind so völlig dem Klima, der Sonne und dem Sand ausgeliefert. Ihre Haut ist wie Leder.
Es mag unter ihnen auch Faule geben, aber die meisten sind den ganzen Tag auf den Beinen und bringen es doch zu nichts. Sie haben viel

zum Reichtum dieser Stadt beigetragen, haben aber selber nichts davon. Sie werden ausgebeutet.

Erst gestern habe ich erlebt, wie ein armer Bauer als Sklave verkauft worden ist. Er hatte sich bei einem Wohlhabenden ein Paar Schuhe ausgeliehen. Sie wurden ihm gestohlen und er konnte die Schuhe nicht bezahlen. Der andere liess ihn kurzerhand festnehmen. So wurde er zur Schuldsklaverei verurteilt, um mit dem Erlös die Schulden abzubezahlen. Ein typisches Schicksal. Den Armen bleibt nichts übrig. Sie müssen immer wieder bei den Reichen Kredite aufnehmen. Und wehe, sie können die Zinsen nicht bezahlen. Im Gegenzug drücken viele Reichen zudem die Preise für das, was ihnen die Bauern verkaufen.

Ein anderes Beispiel: Beim Stadttor wird bei uns Recht gesprochen. Aber nur die Vollbürger haben dort Sitz und Stimme, das heisst, überhaupt Rechte. Diener, Arbeiter, Fremde, Waisen und Witwen sind ganz darauf angewiesen, dass andere sich für sie einsetzen. Wer aber will das schon? Und nicht selten helfen ein paar Geldscheine oder eine Beziehung um einen Gerichtsentscheid in günstige Bahnen zu lenken."

„Weisst du", fährt mein Nachbar nachdenklich fort: „Viel von der Pracht und dem Glanz dieser Stadt geht auf Kosten der Armen. Ich denke, daran hat Gott wenig Freude!"

„Willst du damit sagen, dass Wohlstand und Reichtum immer auf Kosten anderer erworben werden?", unterbreche ich ihn: „Glaubst du, dass Gott gegen Wohlstand ist?"

„Nein", sagt er: „Wohlstand oder besser gesagt: Wohlergehen kann ein Segen Gottes sein. Denk nur an Abraham. Gott will unser Wohlergehen und Glück, aber nicht nur für einige, sondern für viele, möglichst alle. Glück ja, aber nicht genährt vom Unglück anderer. Reichtum ja, aber nicht auf Kosten anderer.

Sicher, hier in Samaria ist auch viel ehrliche Arbeite und Geschick der Grund für den Wohlstand. Aber das ist nur der eine Teil der Wahrheit. Ich frage mich einfach, ob das ewig so weitergehen wird oder ob das Ganze nicht bald wie eine Seifenblase platzen wird."

Ich bin stutzig geworden: „Wie meinst du das?" frage ich. „Über diesem Land und dieser Stadt hat Gott ein Gericht beschlossen. Es geht nicht mehr lange, da ändern sich die Verhältnisse und es kommt eine schwere Zeit über das Süd- und Nordreich von Israel. Dann wird ihnen ihr Reichtum wenig nützen. Gott selber tritt für die Rechtlosen ein, für die, die keine Stimme haben. Unser Gott zieht zur Verantwortung!"

Diese Worte treffen mich. Wer ist dieser Mann? „Wer bist du, dass du so reden kannst?" - „Ich", fragt der Mann erstaunt zurück. „Ich bin ein einfacher Bauer aus Tekoa, nahe Bethlehem. Ich heisse Amos, aber das tut nichts zur Sache."

„Gott hat mir in Visionen diese Sicht und Botschaft anvertraut. Ich muss es weitergeben, obwohl es alles andere als einfach und angenehm ist. Aber wenn Gott ruft, dann muss ich ihm folgen." Die letzten Worte hat Amos wie zu sich selber gesagt.

Als ob ihm plötzlich etwas Vergessenes in den Sinn gekommen ist, steht er auf, nickt mir kurz zu und geht.

Mir dreht sich der Kopf. Aber ich habe wenig Zeit, um mich zu wundern. Der Reiseleiter drängt zum Aufbruch. Wir sind zu einem religiösen Fest im Gotteshaus eingeladen.

Bald sind wir alle frisch geduscht und herausgeputzt im Gotteshaus. Unsere reservierten Plätze lassen uns alles gut sehen. Es herrscht eine feierliche Atmosphäre. Die Musiker beginnen mit ihren Flöten, Harfen, Zimbeln und Pauken zu spielen. Der Chor stimmt ein, singt Psalmen. Es sind fremde Töne für unsere mitteleuropäischen Ohren des 21. JHs.

Da erscheinen Priester in kostbaren Gewändern. In der Mitte ist ein Tisch mit vielen Speise- und Dankopfer. Man merkt: Es geht den Leuten gut. Ein prächtiger Gottesdienst.

Plötzlich geht ein Raunen durch die Menge. Eine unerwartete Störung. Vorne, für alle gut sichtbar, hat sich ein Mann hingestellt, der so gar nicht in diese herausgeputzte, feierliche Atmosphäre passt: Amos!

Auch er hat sich umgezogen, aber er trägt kein Festgewand. Im Gegenteil. Er ist mit einem rauen Leinensack bekleidet, das Zeichen von Trauer und Umkehr in jener Zeit. Sein Gesicht wirkt gequält. Seine Stimme aber ist klart und laut. Keiner kann sich seinen Worten entziehen:

So spricht der Herr: *„21 Ich hasse eure Feste, ich verabscheue sie und kann eure Feiern nicht riechen. 22 Wenn ihr mir Brandopfer darbringt, ich habe kein Gefallen an euren Gaben und eure fetten Heilsopfer will ich nicht sehen. 23 Weg mit dem Lärm deiner Lieder! Dein Harfenspiel will ich nicht hören, 24 sondern das Recht ströme wie Wasser, die Gerechtigkeit wie ein nie versiegender Bach. 25 Habt ihr mir etwa Schlachtopfer und Gaben dargebracht während der vierzig Jahre in der Wüste, ihr vom Haus Israel?* (Amos 5,21-25)

Wie gebannt haben alle zugehört. Dann scheint der Zauber sich zu lösen. Plötzlich rufen alle wild durcheinander. Viele sind entrüstet. Die Wachen eilen herbei, packen den Störenfried und werfen ihn unsanft hinaus. Die feierliche Stimmung ist dahin. Spannung liegt in der Luft.

Der Reiseleiter scheint der Situation nicht mehr zu trauen und rät zur raschen Rückkehr. Ich bin froh nicht mehr in Samaria bleiben zu müssen. Ich bin froh dem angedrohten Gericht über der Stadt entfliehen zu können. Wie gut ist es ein Raum-Zeit-Fahrzeug besteigen und in unsere Zeit und Welt zurückkehren zu können.

Unterwegs in der Zeit müssen wir aber noch mitansehen, wie sich die harten Worte des Amos erfüllen. Es vergehen keine 50 Jahre, da liegt

das Nordreich verwüstet am Boden. Die Sieger, die Assyrer, führen die Vornehmen und Reichen in die Fremde. Sie werden Flüchtlinge und Bettler in fremden Ländern.
Nur die Bauern, die einfachen Leute und die Armen dürfen bleiben. Die Blüte war nur eine kurze Scheinblüte. So hatte es Amos vorausgesagt.
Glücklich landen wir wieder bei uns zu Hause.

Liebe Mitchristen
Ich habe versucht Sie mitzunehmen zu einem Besuch bei Amos und seiner Zeit. Wie aber, wenn Amos mit uns in unsere Zeit und Welt mitgekommen wäre? Wie sähe wohl seine Botschaft für uns aus?
Halten wir zum Schluss fest: Gott will, dass es Menschen gut geht - allen Menschen! Amen.

Ein offener Briefe an Paulus - zu Epheser 5,21-33

21 Einer ordne sich dem andern unter in der gemeinsamen Ehrfurcht vor Christus. 22 Ihr Frauen, ordnet euch euren Männern unter wie dem Herrn (Christus); 23 denn der Mann ist das Haupt der Frau, wie auch Christus das Haupt der Kirche ist; er hat sie gerettet, denn sie ist sein Leib. 24 Wie aber die Kirche sich Christus unterordnet, sollen sich die Frauen in allem den Männern unterordnen. 25 Ihr Männer, liebt eure Frauen, wie Christus die Kirche geliebt und sich für sie hingegeben hat, 26 um sie im Wasser und durch das Wort rein und heilig zu machen. 27 So will er die Kirche herrlich vor sich erscheinen lassen, ohne Flecken, Falten oder andere Fehler; heilig soll sie sein und makellos. 28 Darum sind die Männer verpflichtet, ihre Frauen so zu lieben wie ihren eigenen Leib. Wer seine Frau liebt, liebt sich selbst. 29 Keiner hat je seinen eigenen Leib gehasst, sondern er nährt und pflegt ihn, wie auch Christus die Kirche. 30 Denn wir sind Glieder seines Leibes. 31 Darum wird der Mann Vater und Mutter verlassen und sich an seine Frau binden und die zwei werden ein Fleisch sein. 32 Dies ist ein tiefes Geheimnis; ich beziehe es auf Christus und die Kirche. 33 Was euch angeht, so liebe jeder von euch seine Frau wie sich selbst, die Frau aber ehre den Mann.

Lieber Paulus

Wie hat doch Petrus so schön über deine Briefe geschrieben: *„Es gibt in ihnen ... einige schwierige Stellen."* - Ob Petrus wohl auch an diese Stelle gedacht hat? Unter uns, lieber Paulus, so von Mann zu Mann: Ich fühle mich hoffnungslos überfordert.

Du greifst das alte Bild auf, bei dem die Verbindung von Mann und Frau mit der Beziehung Gott-Mensch verglichen wird. Du zitierst aus dem Schöpfungsbericht. Dort heisst es, dass Gott den Menschen nach seinem Bild geschaffen hat und zwar als Mann und Frau. Das heisst, dass gerade das Beziehungsmässige zum göttlichen Wesen gehört.

Diesen Vergleich überträgst du jetzt auf das Verhältnis Jesus und Kirche. Die Rolle und Aufgabe des Mannes in der Ehe entspricht dabei derjenigen von Jesus. Das schmeichelt vielleicht dem Macho in mir, aber ehrlich gesagt: Ich fühle mich davon total überfordert. Ich bin nicht Jesus. Dazu ärgert es mich hier zu lesen, dass die Frau sich unterordnen, ich ihr Haupt sein soll (sag das mal meiner Frau direkt). Auch höre ich aus deinem Vergleich, dass meine Frau durch mich quasi geheiligt und makellos werden soll wie die Kirche durch Christus. Ja, und ist das so zu verstehen, dass all die vielen Bemühungen für Gleichberechtigung falsch waren, widergöttlich? Ist deine Kernaussage: Männer an die Macht und Frauen zurück an den Herd? Das kann es ja wohl nicht sein.
Wenn ich heute Leute über diese Stelle miteinander reden, meist streiten höre, dann geht es immer wieder um diese Punkte, die verschieden gedeutet werden. Aber vielleicht ist das auch ein Stück weit das, was Petrus meinte, wenn er an der oben erwähnten Stelle weiter schreibt: *„Diese Stellen werden von unverständigen Leuten missdeutet …“.*
Ja, manchmal komme ich mir auch unverständig vor. Kann es sein, dass wir zu oft durch Dinge, die uns auf den ersten Blick irritieren, abgehalten werden zum eigentlichen Kern deiner Gedanken vorzudringen?
Dazu kommt: Wir alle reden tagtäglich immer wieder in Vergleichen, um etwas verständlicher zu machen. Aber diese Vergleiche gelingen nicht immer gleich. Manchmal kann man sie 1:1 übertragen, manchmal können sie nur der Spur nach übertragen und gedeutet werden. Ist das hier der Fall?
Je länger ich mich mit diesem Briefabschnitt auseinander gesetzt und mir auch die Meinung und Auslegung anderer zu Gemüt geführt habe, umso mehr habe ich gemerkt, dass die oben skizzierten Punkte plötzlich an Brisanz verlieren, wenn sie statt im ersten, oft missdeutenden Licht, im Lichte der tieferen Aussagen angeschaut werden.

Zuerst fällt auf, dass du den ganzen Text überschreibst mit einem Hinweis, der nicht nur die eheliche Beziehung, sondern alle Beziehungen betrifft: *„21 Einer ordne sich dem andern unter ...“* - Der Aufruf zur „Unterordnung“ gilt zuerst einmal allen gleichermassen. Alles, was nachher kommt, ist eine Ausdeutung, was das - mit allen zeitbedingten Faktoren - für den Einzelnen, hier am Beispiel von Mann und Frau, im Alltag heissen soll.

Diese Faktoren, die Lebensumstände haben sich geändert. Deine Zeit war geprägt von der patriarchalen Rollenzuteilung. Der Mann war der Aussenvertreter und Ernährer der Gemeinschaft, die Frau war hauptverantwortlich für das Zuhause, die Innenministerin.

Diese Aufgaben sind heute noch aktuell und müssen wahrgenommen werden. Nur die Aufteilung auf Mann und Frau hat sich verschoben. Was damals geschlechtsspezifisch vorgegeben war, ist heute viel offener, eine Frage wie Partner sich selber organisieren, Aufgaben und Pflichten verteilen.

Und doch werden deine Worte bis heute dahingehend verstanden, dass das damalige Gesellschafts- und Wirtschaftssystem für Christen bis heute und für immer gelten soll. So glauben einige, dass das Patriarchat eine göttliche Ordnung sei. Aber das hast du hier wohl kaum gemeint.

Im Gegenteil. Wenn ich diese Zeilen genauer bedenke, scheint Dir jedes Machohafte eher ein Gräuel zu sein. Wer meint, mit deinen Aussagen eine Haltung begründen oder rechtfertigen zu können, die Frauen einfach als Erfüllerin männlicher Wünsche oder als Dienerin sieht, der missdeutet deine Zeilen.

Ein Mann soll seine Frau, ein Partner soll den anderen, ehren und achten. Das sagst du und genau das ist dort nicht der Fall, wo sich einer wie ein Pascha oder eine Diva aufspielt, die eigene Stellung in der Beziehung missbraucht, um vor allem Eigeninteressen durchzusetzen, damals wie heute.

Ich denke aber, du wolltest hier auch verhindern, dass das Pendel einfach voll auf die andere Seite ausschlägt und sich die Machverhältnisse einfach umkehren, quasi das Patriarchat durch das Matriarchat abgelöst wird. Die meisten gehen davon aus, dass du die Frauen davor abhalten wolltest.

Wenn ich genau hinhöre, dann merke ich, dass es dir weder um das Patriarchat noch um das Matriarchat geht, sondern um eine neue Partnerschaftlichkeit - bei aller Zeitbedingtheit. Darin hat jeder Partner seine Aufgaben, Rechte und Pflichten, die wahrgenommen und vom anderen respektiert werden sollen. So sollen Beziehungen konstruktiv und fruchtbar funktionieren statt durch einen offenen oder verdeckten Machtkampf lahmt gelegt zu werden.

Uns Männern hast du nicht gesagt, dass sich unsere Frauen uns unterordnen sollen. Das hast du den Frauen gesagt. Uns hältst du Jesus als Vorbild vor Augen. Er ist der Hauptverantwortliche. Und gerade dabei war er in keiner Art und Weise sich je zu schade sich selber ganz in den Dienst anderer zu stellen. Er ist das Gegenteil von einem Macho oder Pascha.

„Wer der Erste sein will, sei der Diener aller“, hat Jesus gesagt. Darin sehe ich, lieber Paulus, das tiefe Geheimnis, die grosse Herausforderung und die gewaltige Verheissung für das Wesen einer christlichen Beziehung.

Durch diese Sicht bekommt das Wort „Unterordnung“ plötzlich eine neue Bedeutung, eine, die nicht zu dem passt, was dieses Wort heute bei den meisten auslöst. Es geht nicht um Machtverteilung, sondern darum, wie eine Gemeinschaft, eine Beziehung in einem christlicher Miteinander, einer fairen und gleichberechtigten Partnerschaft funktionieren kann mit

dem Ziel, dass es eine gute, hilfreiche und erfüllende Beziehung für alle sein kann.
Und das geht nur in einer Partnerschaftlichkeit, die sich am Vorbild Jesu orientiert. Dazu gehört, dass jeder, ob Mann oder Frau, beginnt von sich selber, seinen Bedürfnissen und Ansprüchen, wegzuschauen, nicht mehr zuerst fragt: „Was will ich?“, sondern: „Was ist gut für dich, für uns?“.
Heute ist die Rollendefinition von Mann und Frau nicht mehr so klar und fix wie in früherer Zeit. Andere Faktoren sind dazugekommen, die der Persönlichkeit des Einzelnen mehr Rechnung tragen, die es manchmal aber auch schwieriger machen den Platz im Leben und in einer Beziehung zu finden und auszufüllen, als Einzelne und als Paar.
Es geht hier letztlich nicht um die Rolle als Mann und Frau, sondern wie wir als Christen eine Beziehung leben und gestalten sollen. Darauf sollen wir uns bei diesem Text hauptsächlich fokussieren. Und dieser Punkt ist auch zeitlos. Die Art wie Jesus mit seinen Begleitern, der Kirche, umgegangen ist, soll uns Vorbild sein wie wir unsere Beziehungen leben.
Es geht also nicht um Unterwerfung und beherrscht werden, auch nicht um irgendeine Form von Fremdbestimmung, sondern eben um eine sich ergänzende, faire Partnerschaft im Geiste der christlichen Liebe.
Bei Konflikten soll es nicht um Macht, Sieg oder die Durchsetzung von eigenen Interessen gehen. Es sollen nicht die menschlichen Urinstinkte „Flucht und Kampf“ zum Zuge kommen, sondern die dienende, sich unterordnende, liebende Haltung, die Christus uns vorgelebt hat.
Tja, deine Worte, lieber Paulus, sind definitiv keine Rechtfertigung für den Macho in mir und auch nicht für die Bequemlichkeit vieler, die unbequeme Entscheide lieber demütig oder faul delegieren statt sich selber ein Meinung zu bilden und zu entscheiden.
Und in diesem Sinne kann ich als Mann oder Frau, als Person meinen Platz in der Gemeinschaft finden, meine Aufgaben und Verantwortlich-

keiten wahrnehmen. Und ich weiss, ich muss nicht perfekt sein. Ich darf Fehler machen, dazu stehen. Ich kann mich entschuldigen und auch korrigieren lassen.

Ich weiss aber auch, dass ich meiner Frau schulde, dass ich ihre Wahrnehmung von Aufgaben, ihre Entscheide respektiere. Ich soll nicht bei allem und jedem dreinreden, es besser wissen als ob ich der Chef und sie die Angestellte oder gar die Lehrtochter sei. Das heisst nicht, dass ich zu allem „Ja und Amen“ sagen soll oder muss. Ich soll kritisch mitdenken, mitreden, mittragen, aber nicht herumnörgeln. Und wenn es einen Stichentscheid braucht, dann soll diesen derjenige Partner fällen, zu dessen Gaben- und Aufgabenbereich die Sache gehört. Das ist fruchtbare „Unterordnung“.

Mir ist auch klar geworden, lieber Paulus, dass die Grundlage von deinem Reden über „Unterordnung“ immer die Erkenntnis ist, dass wir alle, ob Mann oder Frau, vor Gott gleich, gleichwertig und gleichberechtigt sind.

Diese fundamentale, biblische Wahrheit hast du ja oft betont. Wir alle sind gleich vor Gott, weil wir durch Jesus Christus mit Gott versöhnt und bedingungslos geliebt werden. Aber diese Gleichberechtigung meint nicht „Gleichförmigkeit“ oder „Gleichfrömmigkeit“. Im Gegenteil: Durch die Freiheit in Christus werden wir frei unsere eigene Persönlichkeit zu entdecken und zu leben.

So gesehen, ist die Aussage dieser Briefpassage ziemlich anders als wie es eine oberflächliche Lesung vermuten lässt. Ich werde letztlich nur in dem Sinne als Mann angesprochen, wie eben das Geschlecht auch ein Teil meiner Persönlichkeit, meines Partnerseins ist. Nicht mehr und nicht weniger. Das beruhigt und entlastet mich, ist aber auch eine Herausforderung. Denn ich werde hauptsächlich als Christ angesprochen und in Pflicht genommen.

Aber gerade deine Worte machen mir auch Mut. Ich bin mit dieser Herausforderung nicht alleine. Meine Liebe darf sich an die Liebe Christi anlehnen und immer wieder neu aus dieser Quelle schöpfen. Beim Thema „Unterordnung“ und Verantwortung wahrnehmen bin ich nicht der Meister, sondern in erster Linie eine Lehrling, ein Lehrling Christi.
Und ich bin dankbar, wenn ich erfahre, wie andere mit denen ich in Beziehung stehe, ebenfalls bei Christus in die Lehre gehen, sich seiner Sicht und Liebe unterstellen. Das ist ein grosses Geschenk, eine grosse Hilfe und Bereicherung, gerade auch für die Ehe.
Lieber Paulus, jetzt muss ich den Brief beenden, auch wenn mich noch viel beschäftigt, ich dir nur einen Bruchteil meiner Gedanken schreiben konnte. Es bleibt dabei: Deine Worte überfordern mich, aber nur solange wie ich vor allem auf mich selber schaue. Wenn ich aber auf Christus schaue, von ihm her meine Ehe, Familie, meine Beziehungen, mich selber sehe, dann fühle ich mich vor allem getragen, getragen von der unendlichen und bedingungslosen Liebe Gottes, die in Jesus Christus so konkret geworden ist und immer wieder wird - im Alltag.
Nachdenklich und herzlichst dein Hardy Meyer, ein Beziehungs-Lehrling

Narrative Predigt über Apg.9,1-20: Lausen

Paulus schaute durch das Fenster zum Hof. Schon ein Jahr wartete er hier in Rom auf seinen Prozess. Den Kaiser hatte er angerufen und der Kaiser sollte über sein irdisches Schicksal entscheiden. Paulus hatte ein eigenes Zimmer, steht aber unter Zimmerarrest. Er war Gott dankbar, dass er nicht irgendwo in Ketten in einem dunklen Keller verbringen musste. Es wäre nicht das erste Mal gewesen. Seine Freunde konnten ihn besuchen und ihm bringen, was er brauchte. Er nutzte seine Stunden. Er redete mit Leuten, verbrachte viel Zeit im Gebet und mit dem Studium der Heiligen Schrift.

Auch schrieb er ab und zu Briefe, so wie er es jetzt tun wollte. Nur war ihm das Pergament ausgegangen. Es klopfte und die Tür öffnete sich. Paulus drehte sich um. Vor ihm stand ein junger Mann mit einigen Pergamentblättern. Er schaute sich unsicher um. Paulus nickte ihm freundlich zu und sagte: "Sei willkommen. Wie ist dein Name und woher kommst du?"

"Ich heisse Julius. Meine Eltern schicken mich, um dir diese Pergamentblätter zu bringen. Meine Eltern gehören zur christlichen Gemeinde hier in Rom." "Setzt dich“, sagte Paulus. Er merkte, dass den Jungen etwas quälte. "Ich kenne deine Eltern gut. Aber sag: Was bedrückt dich?"

Julius rutschte hin und her und sagte dann endlich: "Mein Freund Tertius hat gestern behauptet, dass nur der ein wahrer Christ ist, der wie du von sich sagen kann wann und wo er sich bekehrt und bewusst Christ geworden ist. - Ich kann das nicht sagen, obwohl ich an Jesus glaube seit ich mich erinnern kann. Kannst du mir helfen? Sag, hat Tertius Recht?"

Paulus seufzte tief und sagte: "Was weiss Tertius denn, was wirklich mit Bekehrung, mit Umkehr und Nachfolge gemeint ist? Was weiss er denn, was damals tatsächlich geschehen ist? Hör zu, ich will es dir erzählen!"

Apostelgeschichte 9,1-20

Saulus wütete immer noch mit Drohung und Mord gegen die Jünger des
Herrn. Er ging zum Hohenpriester 2 und erbat sich von ihm Briefe an die
Synagogen in Damaskus, um die Anhänger des (neuen) Weges, Männer
und Frauen, die er dort finde, zu fesseln und nach Jerusalem zu bringen.
3 Unterwegs aber, als er sich bereits Damaskus näherte, geschah es,
dass ihn plötzlich ein Licht vom Himmel umstrahlte. 4 Er stürzte zu Boden und hörte, wie eine Stimme zu ihm sagte: Saul, Saul, warum verfolgst du mich? 5 Er antwortete: Wer bist du, Herr? Dieser sagte: Ich bin
Jesus, den du verfolgst. 6 Steh auf und geh in die Stadt; dort wird dir gesagt werden, was du tun sollst. 7 Seine Begleiter standen sprachlos da;
sie hörten zwar die Stimme, sahen aber niemand. 8 Saulus erhob sich
vom Boden. Als er aber die Augen öffnete, sah er nichts. Sie nahmen ihn
bei der Hand und führten ihn nach Damaskus hinein. 9 Und er war drei
Tage blind und er ass nicht und trank nicht. 10 In Damaskus lebte ein
Jünger namens Hananias. Zu ihm sagte der Herr in einer Vision: Hananias! Er antwortete: Hier bin ich, Herr. 11 Der Herr sagte zu ihm: Steh
auf und geh zur sogenannten Geraden Strasse und frag im Haus des
Judas nach einem Mann namens Saulus aus Tarsus. Er betet gerade 12
und hat in einer Vision gesehen, wie ein Mann namens Hananias herein-
kommt und ihm die Hände auflegt, damit er wieder sieht. 13 Hananias
antwortete: Herr, ich habe von vielen gehört, wie viel Böses dieser Mann
deinen Heiligen in Jerusalem angetan hat. 14 Auch hier hat er Vollmacht
von den Hohenpriestern, alle zu verhaften, die deinen Namen anrufen.
15 Der Herr aber sprach zu ihm: Geh nur! Denn dieser Mann ist mein
auserwähltes Werkzeug: Er soll meinen Namen vor Völker und Könige
und die Söhne Israels tragen. 16 Ich werde ihm auch zeigen, wie viel er
für meinen Namen leiden muss. 17 Da ging Hananias hin und trat in das
Haus ein; er legte Saulus die Hände auf und sagte: Bruder Saul, der
Herr hat mich gesandt, Jesus, der dir auf dem Weg hierher erschienen

ist; du sollst wieder sehen und mit dem Heiligen Geist erfüllt werden. 18
Sofort fiel es wie Schuppen von seinen Augen und er sah wieder; er
stand auf und liess sich taufen. 19 Und nachdem er etwas gegessen hat-
te, kam er wieder zu Kräften. Einige Tage blieb er bei den Jüngern in
Damaskus; 20 und sogleich verkündete er Jesus in den Synagogen und
sagte: Er ist der Sohn Gottes.

Julius hat staunend zugehört. Während dem Erzählen schien Paulus abwesend zu sein, in einer fernen Zeit und einem fernen Land. Jetzt schaute er unvermittelt Julius scharf an und sagte: "Fasse das Wichtigste kurz zusammen!" - Julius überlegte und sagte dann: "Du wolltest nach Damaskus, um Christen zu verhaften. Unterwegs ist dir der auferstandene Jesus erschienen. Du wurdest blind. In Damaskus wurdest du auf wunderbare Weise durch Hananias geheilt und hast den Heiligen Geist bekommen."

"Ja, das hören die meisten Leute. Es stimmt auch und doch ist es nur das Eine. Glaube ja nicht, dass ich es einfacher hatte als Du oder andere Christen, deren Leben sich nicht so spektakulär verändert hat. Hast du auch gehört, dass Jesus in der Vision dem Hananias gesagt hat: „...und ich werde ihm zeigen, wie viel er für mich leiden muss.“ Es gab Zeiten, da habe ich mehr davon erfahren als von Wundern. Und trotzdem habe ich es nie bereut."

"So schnell aus mir dem Christusverfolger ein Christusfreund wurde, so schnell wurde ich für meine bisherigen Freunde zum Feind, zu einem, dem man aus dem Wege geht. Meine Freunde konnten mit dieser Kehrtwende nichts anfangen. Ich habe die meisten verloren, ja sie wurden zum Teil zu erbitterten Gegnern. Die Begegnung mit Jesus ist das Kostbarste, was ich je erfahren habe. Aber es hat auch seinen Preis."

"Und es traf mich sehr, dass ich plötzlich vor dem Scherbenhaufen meines bisherigen Lebens stand. Ich hatte mir so viel auf meine Intelligenz, meine Lebensphilosophie, Gedanken und meinen Glauben eingebildet, ich war so überzeugt davon, dass ich recht hatte und wurde ganz plötzlich mit der Tatsache konfrontiert, dass ich mich geirrt hatte. Weisst du, es braucht einiges so etwas vor Gott, sich selber und erst recht vor anderen Menschen eingestehen zu können."

"Ich wusste, ich habe eine Entscheidung zu treffen. Ich habe sie damals getroffen - für ein Leben in der Nachfolge Christi, obwohl ich noch gar nicht wusste, was genau auf mich zukommen würde. Nachfolge heisst: Aufbrechen, sich leiten lassen und immer wieder neu in bestimmten Situationen oder an Wegkreuzungen Entscheidungen treffen, sich immer wieder neu auf Christus und sein Wort ausrichten. Umkehr ist nichts einmaliges, sondern begleitet uns ein Leben lang, solange wir mit IHM unterwegs sind. Bekehrung heisst nichts anderes als sich auf Gott ausrichten. Bei den einen ist das eine 180%-Wendung wie bei mir, bei andern weniger. Wichtig ist nicht, um wie viel Grad unser Leben kehrt, sondern wohin wir kehren, dass wir uns ganz auf ihn ausrichten und auf IHN ausgerichtet bleiben."

"Ich hatte viel zu lernen, besonders am Anfang. Was ich heute weiss, kam erst mit der Zeit zusammen. Mein Glaube, meine Erkenntnis, mein Vertrauen musste wachsen und sich bewähren. Jesus hat viel an mir gearbeitet und mir so sein Leben geschenkt.

"Eine Lektion habe ich dir erzählt. Als Blinder war ich plötzlich auf fremde Hilfe angewiesen. Aus dem selbstsicheren Saulus wurde ein zu tiefst verunsicherter, abhängiger Paulus. Mir wurde bewusst, dass ich all die Jahre in meinen Gedanken, meinem Herzen und Verstand blind gewesen war, blind für Gott, sein Wort, seine Wege und Gegenwart, dass meine Selbstsicherheit eine Selbsttäuschung und mein Durchblick eine

Sinnestäuschung gewesen sind. Eine heilsame, gute, aber auch schmerzliche Erfahrung."

"Und dann wurdest du von deiner Blindheit wieder geheilt." warf Julius ein. "Ja, im doppelten Sinn" sagte Paulus: "Ein Wunder, aber ein noch grösseres Wunder war, dass es Hananias war, der mir die Hände auflegte. Ich war ja unterwegs, um ihn und seine Freunde ins Verderben zu stürzen. Er ist erschrocken als Christus ihn zu mir schickte. Er hatte Einwände und Angst, aber er hörte auf Jesus und kam. Später sagte er mir, dass ihm die Knie gezittert hätten. Es war für ihn unvorstellbar überhaupt in meine Nähe zu kommen, aber er hat Gott vertraut. Es war schwer für ihn, aber weil er es gewagt hat, hat er das Wunder, das Gott an mir getan hatte, miterlebt."

"Wenn Menschen beginnen auf Gott zu hören, dann können Grenzen und Hindernisse überwunden werden, werden wir freier aufeinander zuzugehen trotz allem Trennenden und Unsympathischen. So habe ich in Hananias einen neuen Freund gefunden. Aus Feinden werden Freunde! Christus hat uns versöhnt und verbindet uns bis heute. Jesus hat mich reich beschenkt, aber ich habe durch mein bewusstes Unterwegssein mit Gott auch vieles aufgeben müssen. Es ist schwer Freunde zu verlieren."

Julius hört Paulus nachdenklich zu. "Das habe ich mir noch gar nie überlegt. Ich habe eigentlich noch nie einen Freund wegen dem Glauben verloren. In meinem Leben hat es nie eine solch gewaltige Veränderung gegeben. Hat Tertius also doch recht, dass ich noch kein rechter Christ bin?"

"Nein, Tertius hat nicht recht“, sagte Paulus ganz entschieden: "Gott geht mit uns ganz verschiedene Wege. Mein Weg ist nicht dein Weg, wie auch dein Weg nicht der meine ist. Kennst du die Geschichte von Samuel?" Julius nickte. "Samuel ist im Tempel bei Eli aufgewachsen. Er ist mit dem Glauben aufgewachsen. Er hat kein Umkehrerlebnis wie ich gehabt, sondern ist hineingewachsen und darin gereift. Und doch käme es niemanden in den Sinn zu behaupten, dass sein Glaube nicht echt gewesen wäre, oder?"

Julius nickt. "Weisst du, es kommt nicht so sehr drauf an, wie du zum Glauben kommst, so wie ich oder so wie Samuel oder wie sonst jemand. Wichtig ist: Was daraus wird. Wichtig ist, dass die Freundschaft und Beziehung zu Jesus wächst und sich im Alltag bewährt."

"So verschieden wir alle, ich, Samuel, aber auch Hananias und du zum Glauben gekommen sind, so haben wir doch eines gemeinsam: Gott spricht uns an, er hat eine Aufgabe für uns, er ruft uns in seine Nachfolge, Samuel als Propheten, mich als Apostel, Hananias zum Heilen." - "Und mich?" fragte Julius. "Das musst du Jesus selber fragen. Bete, forsche in der Heiligen Schrift, suche die Hilfe erfahrener Christen. Höre. Ich bin sicher, dass Jesus dir auf die eine oder andere Art eine klare Antwort gibt. Wage es!"

"Das will ich", erwiderte Julius eifrig: "Ich möchte ein Diener Gottes werden wie du!" - "Das wirst du auch, wenn du es aufrichtig meinst", sagte Paulus. "Du kannst auch gerne wieder zu mir kommen, damit wir miteinander darüber reden und beten. Du kannst von mir sicher viel lernen. Nur eines darfst du nicht: Mich kopieren wollen! Gott hat für dich eine eigene Aufgabe, für dein Leben einen eigenen Plan. Du bist eine Original und nicht eine Kopie."

"Jesus hat seinen Weg mit mir spektakulär begonnen. Es war mir oft eine Hilfe. Aber das Entscheidende ist etwas anderes, nämlich dass aus dieser Begegnung eine lebendige, dauerhafte Beziehung geworden ist. Es war ein Anfang und ein Anfang macht nur dann Sinn, wenn es eine Fortsetzung gibt. Und wo eine Fortsetzung ist, da ist der Anfang nicht mehr so wichtig. Wo die Fortsetzung aber fehlt, da nützt der atemberaubendste Anfang wenig. - Sag das deinem Freund Tertius. Sag ihm:

Wichtig ist, dass wir mit dem Auferstanden unterwegs sind und bleiben, dass wir heute auf ihn hören wie Samuel, offen sind für Eindrücke oder Träume wie Hananias, bereit sind auch Schwierigkeiten auf uns zu nehmen, wie es mir bestimmt ist."

"Weisst du Julius, es gibt so vieles, das Christus in dieser Welt tun möchte. Dazu braucht er ganz verschiedene Menschen an verschiedenen Orten mit verschiedenen Gaben. Er hat damals Hananias gebraucht, um mir zu helfen. Gott sei Dank, hat Hananias seine Angst überwunden und auf Gott gehört. Mich hat Jesus bestimmt zu predigen und Gemeinden zu gründen, andere um zu heilen, Einsame und Gefangene zu besuchen, Armen zu helfen und Traurige zu trösten, andere um zu versöhnen und zu heilen."

Paulus stand auf: "Ich denke, es ist Zeit, dass du wieder gehst. Ich habe noch zu arbeiten. Mein Leben neigt sich dem Ende zu, deines hat erst begonnen. Vergiss nie: Es ist wichtig, was gestern war. Es ist wichtig, was für ein Ziel du für die Zukunft hast. Aber am Wichtigsten ist, dass du heute lebst und auf ihn hörst, damit der Auferstandene heute an dir und durch dich wirken kann. Und lass dir zum Schluss von einem alten Mann noch etwas sagen: Wohin dich dein Leben mit Gott auch führt, ob du es verstehst oder nicht, er meint es gut mit dir und ist dir treu."

Briefpredigt über Psalm 63

1 [Ein Psalm Davids, als er in der Wüste Juda war.] 2 Gott, du mein Gott,
dich suche ich, meine Seele dürstet nach dir. Nach dir schmachtet mein
Leib wie dürres, lechzendes Land ohne Wasser. 3 Darum halte ich Aus-
schau nach dir im Heiligtum, um deine Macht und Herrlichkeit zu sehen.
4 Denn deine Huld ist besser als das Leben; darum preisen dich meine
Lippen. 5 Ich will dich rühmen mein Leben lang, in deinem Namen die
Hände erheben. 6 Wie an Fett und Mark wird satt meine Seele, mit ju-
belnden Lippen soll mein Mund dich preisen. 7 Ich denke an dich auf
nächtlichem Lager und sinne über dich nach, wenn ich wache. 8 Ja, du
wurdest meine Hilfe; jubeln kann ich im Schatten deiner Flügel. 9 Meine
Seele hängt an dir, deine rechte Hand hält mich fest. 10 Viele trachten
mir ohne Grund nach dem Leben, aber sie müssen hinabfahren in die
Tiefen der Erde. 11 Man gibt sie der Gewalt des Schwertes preis, sie
werden eine Beute der Schakale. 12 Der König aber freue sich an Gott.
Wer bei ihm schwört, darf sich rühmen. Doch allen Lügnern wird der
Mund verschlossen.

"Ein Psalm Davids, als er in der Wüste Juda war." - Liebe Gemeinde
So lautet die Einleitung unseres Psalms. Psalmen sind meistens Gebete für bestimmte, konkrete Situationen. Und doch sind sie irgendwie sehr allgemein gehalten, weil es letztlich um Erfahrungen und Situationen geht, die gleich oder ähnlich wiederkehren, im eigenen Leben oder dem anderer.
Das macht aus diesen Zeugen einer vergangen Zeit Gesprächspartner und eine Hilfe für uns heute. Wenn ich Psalmen lese, entdecke ich viel von meiner eigenen Sehnsucht, meiner Fragen, Nöte und Gedanken. Ich merke, wie ich mit meinem Zweifel, meinem Glauben, meiner Wut und Freude nicht alleine bin. Oft belastet uns ja der Eindruck, dass wir mit

gewissen Dingen allein sind, dass nur wir selber das eine oder andere Probleme haben.
Die Psalmen verbergen aber auch nicht die Zeit und den Lebensraum, in denen sie entstanden sind. - Ich spüre neben allem Vertrauten doch auch die Fremdheit. Ich bin ein Kind es 20. und 21. Jahrhunderts, aufgewachsen und geprägt in der Schweiz. Die Psalmisten sind Kinder des 1.Jahrtausends vor Christus, geprägt von den damaligen, orientalischen Welt und Lebensvorstellungen.
Doch ob vertraut oder fremd, in den Psalmen spüre ich ein Gegenüber, einen Menschen, mit dem ich mich unterhalten kann. Doch dieser Mensch ist weit weg, ich kann ihn weder anrufen noch besuchen. Darum habe ich ihm meine Gedanken in einem Brief geschrieben. Auch wenn ich vom Beter keine Antworte erhalte, so hat mir das Briefeschreiben doch selber geholfen meine eigenen Gedanken zu fassen und zu klären. Ich möchte ihnen diesen Brief jetzt vorlesen:

Lieber David, Ich habe dein Gebet gelesen. Du schreibst von Deiner Sehnsucht nach Gott, wie Deine Seele nach IHM dürstet, ja sogar Dein Körper wie ausgetrocknetes Land nach Gott schmachtet. Du schreibst wie deine Seele dann bei Gott satt werden konnte. Du schreibst so direkt und unbeschwert über Deine Gefühle im Blick auf Gott.
Das ist uns eher fremd. Wir haben mehr Mühe unsere Gefühle zu zeigen und auszudrücken, gerade gegenüber Gott. Ich denke aber, dass hat nicht in erster Linie damit zu tun, dass wir keine Gefühle haben, sondern damit, dass man diese bei uns nicht so direkt ausdrückt wie bei euch.
Dazu kommt: Bei uns kann man direkt und unbekümmert über vieles reden, ausser über den Glauben und religiöse Gefühle. Aber es gibt da natürlich auch Ausnahmen. Gott sei Dank.

Das aber führt auch zu Spannungen. Manche, die weniger Probleme haben ihre Gefühle Gott gegenüber auszudrücken, haben Mühe, wenn das anderen fern liegt. Und solche, die das nie mitbekommen haben und denen das fremd ist, können sich schlecht damit abfinden, dass das plötzlich für andere normal, ja gar ein Anliegen ist.
Leider führt das manchmal zu unnötigen Gräben und Spannungen unter Gläubigen. Man fühlt sich durch die Andersartigkeit selber in seinem Glauben in Frage gestellt und bedroht. Oder man ist so von der eigenen Erfahrung fasziniert, dass man sich gar nicht vorstellen kann und will, wie jemand ohne diese oder eine ähnliche Erfahrung ernsthaft und von Herzen seinen Weg mit Gott gehen kann.
Gerade das mir Fremde in Deinem Gebet, mahnt mich aber, hier zurückhaltend zu sein, wirklich ernst zu nehmen, dass der Glaube an Gott, die Beziehung zum Schöpfer etwas sehr intimes und persönliches ist, dass dieser Glaube aber auch Auswirkungen haben soll, die sich nicht so sehr in Gefühlen zeigen, sondern in der konkret wahrgenommenen Verantwortung, im alltäglichen Reden und Tun. Gefühle sind wichtig, aber nicht alles!
Danke, dass Du mir Anteil gibst an Deinem Innersten, an Deinem Gebet, mich einlädst mitzubeten, ohne es mir aufzuzwingen.
David, Du bist bekannt für einen starken und aufrichtigen Glauben. Du hast zwar viele Fehler gemacht, Dich aber nicht gescheut dazu zu stehen, zu bereuen und umzukehren. In vielem bist Du bis heute ein Vorbild wie man mit Gott, in der Verantwortung vor ihm und seinen Geboten leben, regieren, d.h. sich entscheiden, ja auch sich korrigieren kann.
Und doch lautet Dein Gebet: "Gott, du mein Gott, dich suche ich!" - Du sprichst davon, dass deine Seele nach Gott dürstet und dein Körper nach Gott lechzt. - Ich selber habe auch schon viel mit Gott erlebt, bin mit ihm unterwegs und doch geht es mir oft gleich oder ähnlich.

Auch ich spüre zuweilen Sehnsucht in mir, habe inneren Durst. Auch Unzufriedenheit und Zweifel sind mir nicht unbekannt. Manchmal merke ich wenig von Gott, meine Gefühle schwanken und ich habe eine innere Leere. Ich habe mehr Fragen als Antworten. - Aber darf das sein? Ist das normal? Jesus hat doch gesagt, dass wer bei IHM das Wasser des Lebens trinkt, nie mehr Durst haben wird. - Müsste mein Leben nicht ganz geprägt sein von dem, was du schreibst: "Wie an Fett und Mark wird meine Seele satt."
Plötzlich klagt mich eine innere Stimme an und sagt: Du glaubst zu wenig! Du machst zu wenig! Du bist als Christ zu wenig konsequent! Du hast versagt. Du musst, Du musst ...! - Sicher, es soll nicht so bleiben. Aber, dass Du selber Dein Gebet mit diesem Gefühl, mit dieser Bitte beginnst als ob das ganz natürlich mit zum Glauben gehört, das tut mir gut, das entlastet mich.
In Deinem Gebet spüre ich, wie beides zum Glauben gehört: Das Gefunden haben und das Suchen, die Antworten und die Fragen. Ja, das gehört doch letztlich zu jeder Beziehung, auch unter Menschen. So sehr wir einander näher kommen und uns besser und tiefer kennenlernen, so bleibt uns doch immer auch ein Stück des anderen verborgen. Miteinander leben heisst miteinander unterwegs sein und sich immer wieder neu kennenlernen. Wir verändern uns und mit uns unsere Umgebung.
Wo wir meinen, einen Mitmensch ganz zu kennen und ihn völlig begriffen zu haben, da ist er uns schon entwischt, da ist die Beziehung zueinander aufs Höchste gefährdet.
Du kannst ganz unbekümmert in diesen wenigen Zeilen einerseits schreiben: "Dich suche ich" - "Nach Dir halte ich Ausschau im Heiligtum" und andererseits "Du wurdest mein Hilfe" - "Meine Seele hängt an dir." - Suchen und Finden, sie gehören zusammen wie das Ein- und Ausatmen.

Apropos: "Meine Seele hängt an dir, deine rechte Hand hält mich fest." - Der Gedanke, dass Gottes Hand sich nach Dir ausstreckt, erschreckt Dich nicht, im Gegenteil, er scheint Dir ein Trost zu sein und grosse Zuversicht zu geben. Dabei hast Du auch erfahren müssen, wie diese Hand Gottes Dich zur Rechenschaft gezogen und hart angefasst hat, wo Du schuldig geworden bist und Deine Position als König missbraucht hast. Mich beeindruckt, wie Du Gutes und Schweres aus dieser Hand annehmen konntest und durch alles hindurch erkennen und bekennen kannst, dass Gottes Hand es gut mit Dir meint.

Du hast anscheinend erfahren, was Jesus Jahrhunderte später verkündet hat: Gott, der Schöpfer, die Quelle des Lebens, meint es gut mit uns, ja er liebt uns als seine Kinder - durch alles hindurch.

Ich denke, auch das können wir von Dir ein Stück weit lernen. Alles, das Gute und Schwere von Gott annehmen, auch wenn wir nicht alles verstehen und begreifen, auch wenn vieles ein Geheimnis bleibt, manchmal auch ein Geheimnis, das uns quält.

Ich möchte dieses Vertrauen, durch alles hindurch, trotz allem und dank allem, von Dir lernen, das Vertrauen in die unbedingte Liebe und Güte Gottes, die jedem gilt, auch wenn es manchmal so anders scheint. Du selber betest dieses Gebet ja auch in der Wüste, in einer Zeit der Krise und scheinbaren Gottesferne und -vergessenheit.

Lieber David, es gäbe noch so viel zu schreiben und zu fragen, aber die Zeit drängt. Eines aber liegt mir noch am Herzen. Du betest: "Viele trachten mir ohne Grund nach dem Leben, aber sie müssen hinabfahren in die Tiefen der Erde. Man gibt sie der Gewalt des Schwertes preis, sie werden eine Beute der Schakale." Das macht mir Mühe.

Du verfluchst deine Feinde und verurteilst sie. Jesus aber hat gesagt, dass wir auch unsere Feinde nicht verfluchen, sondern sie segnen sollen. Jetzt habe ich ganz vergessen, dass Du von Jesus ja noch nichts wusstest, aber trotzdem. Wie kannst Du Gott nur um so etwas bitten? Ich werfe Dir diese Worte vor. Oder klage ich damit die Stimme in mir an, die ganz ähnliches sagt und fordert, die da ist, auch wenn ich sie immer wieder zum Schweigen bringe? Habe ich vielleicht darum besonders Mühe mit diesen Worten, weil es sie auch bei mir gibt?

Hoffentlich hat Gott auf diesen Teil Deines Gebetes nicht gehört, sondern nach seiner Gerechtigkeit und Barmherzigkeit jeden Menschen persönlich beurteilt. Wie gut, dass Gott nicht alle unsere Gebete erhört, oder so erhört, wie wir es möchten, sonst würde doch wieder menschliche Willkür und Unzulänglichkeit regieren.

Wie gut, dass Gott auch meine Gebete nicht alle erhört. Aber das gehört ja gerade zum Gebet. Das Gebet ist keine unpersönliche Bestellung bei Gott, sondern ein Gespräch, ein Reden mit IHM, eine Auseinandersetzung und damit immer auch ein Suchen nach der Wahrheit, nach dem, was im Moment am besten ist. So führt das Gebet oft zu einer Klärung meiner eigenen Gedanken und Gefühle.

Jetzt bin ich wieder am Anfang angekommen. Glauben, Leben mit Gott ist ein Suchen und Finden, satt sein und dürsten, ein Lechzen und Jubeln. Leben miteinander heisst: Miteinander unterwegs sein und miteinander reden.

Lieber David, danke, dass ich mich mit Dir so offen unterhalten durfte. Auch wenn Du mir keine direkte Antwort gegeben hast, so ist mir doch einiges neu aufgegangen. Wir sind so verschieden und doch verbindet uns der gleiche und eine Gott, der war und ist und immer der gleiche bleiben wird.

BONUS-TRACK

NACHRICHTEN SONDERSENDUNG ZUM TOD VON NIKOLAUS VON MYRA

Nachrichtensprecher

Sehr geehrte Damen und Herren

Heute ist der 6. Dezember im Jahre 350 nach der Geburt von Jesus Christus. Sie sehen eine Sondersendung von TV Rom 1 zum Tod von Bischof Nikolaus von Myra. Er ist heute Morgen im hohen Alter von 65 Jahren gestorben.

Wir schalten um zu unserem Kleinasien-Sonderkorrespondenten Primus Dekadentum. Nach Bekanntwerden der Todesnachricht ist er sofort nach Myra gereist.

Primus, wie wurde der Tod ihres bekannten und beliebten Bischofs in Myra aufgenommen?

Primus Dekadentum

Ja, guten Abend. Mit Bischof Nikolaus verliert Myra einen ihrer ganz grossen Söhne. Entsprechend ist die Betroffenheit tief und viele Leute schämen sich nicht in aller Öffentlichkeit zu weinen. Trotzdem geht das Leben weiter. Nikolaus selber hat die Leute in den letzten Tagen dazu aufgerufen bei seinem Tod nicht einfach zu weinen, sondern sich vor allem an die grosse Verheissung zu erinnern, von der er ihnen immer wieder gepredigt hat: Es gibt ein Leben nach dem Tod. Sein bevorstehender Tod hatte sich ja abgezeichnet. Er war gesundheitlich sehr angeschlagen und eben schon alt.

Sprecher

Mit Bischof Nikolaus verliert das römische Reich und vor allem die Christenheit eine schillernde Figur. Kannst du uns etwas zu seinem Werdegang erzählen.

Primus Dekadentum

Ja, Nikolaus wurde im Jahre 285 nicht unweit von Myra in dem kleinen Städtchen Patara in Kleinasien als Sohn sehr reicher Eltern geboren. Leider starben beide Eltern früh als er noch sehr jung war. Sie hinterliessen ihm ein sehr grosses Vermögen. Es wird berichtet, dass er sehr lange Zeit um seine Eltern getrauert habe.

Von seiner Mutter hatte er den christlichen Glauben kennen gelernt. Sie hat ihm die Geschichten aus der Bibel erzählt und das Beten beigebracht. Eine biblische Geschichte hat ihn besonders geprägt, nämlich diejenige vom armen Lazarus und dem reichen Mann.

Sprecher

Wahrscheinlich ist diese Geschichte den wenigsten Zuschauern bekannt, ist doch der christliche Glaube erst seit wenigen Jahren in unserem römischen Reich offiziell anerkannt. Kannst du uns Näheres zu dieser Geschichte sagen?

Primus Dekadentum

Ich kann die Version weitergeben, die ich eben von einem alten Mann auf der Strasse gehört habe. „Es war einmal ein reicher Mann", so habe Jesus erzählt: „Der kleidete sich in herrlichen Gewändern und lebte in Saus und Braus. Da war aber auch ein Armer mit Namen Lazarus. Der lag vor der Türe des Reichen und hoffte wenigsten etwas von den Resten zu essen zu bekommen. Aber er bekam nichts. Da starb der Arme und kam in den Himmel. Auch der Reiche starb, aber es kamen keine Engel, um ihn in den Himmel zu holen."

Diese Geschichte muss ihm zu Herzen gegangen sein. Er habe sich selber im reichen Mann wieder erkannt. So kam es, dass aus dem reichen jungen Mann ein grosszügiger Wohltäter wurde.

Das aber war lange verborgen geblieben, weil Nikolaus nicht wollte, dass seine guten Taten an die grosse Glocke gehängt wurden. Er tat es aus Überzeugung.

Sprecher

Für diese grosszügigen und immer wieder unkonventionellen Taten wurde Nikolaus ja weit über Myra hinaus bekannt. Bei uns in der Redaktion hat Valerius gewettet, dass man über Bischof Nikolaus noch reden werde, wenn das römische Reich längst untergegangen sei. Leider ist er nicht mehr bei uns. Auf Befehl des Kaisers wurde er wegen staatsschädigenden Aussagen verhaftet. In einer weiteren Sondersendung werden wir nächste Woche live berichten, wenn Valerius im Kolosseum auf dem Speisezettel der Löwen stehen wird.
Aber jetzt zurück zu Bischof Nikolaus. Was waren das den für Taten?

Primus Dekadentum

Das ist nicht ganz so einfach zu sagen. Sehr bald wurden diese Geschichten nämlich verschieden erzählt. Da und dort wurden auch Dinge dazu gedichtet. Aber eine Geschichte aus seiner Jugendzeit wird immer wieder erzählt.
Bei einer verarmten Familie konnte Nikolaus durch gezielte Geldgeschenke, die er heimlich durchs Fenster in aufgehängte Socken warf, verhindern, dass der Vater seine drei Töchter mit einer Mitgift ausstatten und verheiraten konnte und nicht in die Schuldsklaverei verkaufen musste, wie es lange Zeit schien. So bewahrte Nikolaus die drei Töchter vor der Prostitution. Nicht klar ist, ob Nikolaus drei goldene Kugeln oder einfach Bargeld durchs Fenster geworfen hat.
Auch als Bischof hat er vielen Menschen geholfen. Man berichtet von drei zu Unrecht zum Tod Verurteilten. Nikolaus konnte sie retten, indem er im Traum dem Kaiser erschien und um ihre Befreiung bat.

Oder während der grossen Hungersnot, an die sich die Leute hier noch gut erinnern. Damals machte ein alexandrinisches Kornschiff im Hafen von Myra einen Zwischenhalt. Nikolaus kam sofort persönlich zum Schiff und bat die Schiffer, etwas von ihrer Ladung abzugeben. Diese lehnen mit der Begründung ab, dass die Ladung genau abgewogen sei. Nikolaus jedoch sicherte ihnen Straflosigkeit zu und hiess sie, von jedem Schiff einige Säcke abzugeben. Sie vertrauten ihm und luden einige Säcke aus. In Konstantinopel aber, ihrem Zielhafen, fehlt nicht ein einziger Sack. Niemand konnte es sich erklären, ausser dass ein Wunder geschehen sei.
Es werden aber auch ganz abstruse Geschichten erzählt, welche die Leute dem Bischof angedichtet haben. So heisst es, dass drei junge Männer auf der Suche nach Arbeit einem geistesgestörten Metzger in die Hände gefallen seien. Dieser habe sie geschlachtet, zerstückelt und eingesalzen, um sie später zu verspeisen. Nikolaus habe davon erfahren, sei herzu geeilt und habe die jungen Männer zusammengesetzt und wieder zum Leben erwecken können. Aber wie gesagt, solches gehört ins Reich der Fantasie, einer kranken Fantasie, möchte ich anfügen.

Sprecher
Nikolaus war ja nicht immer so bekannt und beachtet. Es heisst, dass er sogar einmal in jüngeren Jahren im Gefängnis war. Was hatte er denn verbrochen?

Primus Dekadentum
Nun, sein einziges Verbrechen war sein christlicher Glaube. Als es unter Kaiser Diokletian im ganzen römischen Reich zu einer blutigen Verfolgung von Christen kam, sind viele Christen ums Leben gekommen. Andere blieben am Leben, weil sie ihren Glauben verleugneten. Nikolaus blieb seinem Glauben treu und wurde deswegen im Jahre 310 ins Ge-

fängnis geworfen. Bald darauf wurde Konstantin neuer Kaiser von Rom und mit ihm hörte auch die Christenverfolgung im römischen Reich auf. Unter seinem Sohn wurde das Christentum sogar zur Hauptreligion. So kam auch Nikolaus wieder auf freien Fuss.

Sprecher
Und wie kam es, dass er Bischof wurde?

Primus Dekadentum
Nikolaus trat schon in jungen Jahren ins Kloster von Patara ein. Er war von allen Leuten geachtet und nahm rege Anteil am Leben der Stadt und der christlichen Gemeinde. Dann starb der alte Bischof von Myra und der Bischofsstuhl sollte neu besetzt werden. Deshalb versammelten sich die Bischöfe und Priester der Region, und während des Gebets, das vor der Wahl von allen verrichtet wurde, gab Gott dem ältesten Bischof in den Sinn, man solle den erwählen, der am Morgen zuerst in die Kirche kommen würde. Allen gefiel dieser Rat. Am frühen Morgen eilte Nikolaus, der von alledem nichts wusste, zur Kirche, um für die Wahl eines Bischofs zu beten, dem die Menschen am Herzen liegen. Nikolaus war also der erste, der in die Kirche kam; er wurde mit allgemeiner Freude auf den bischöflichen Stuhl gesetzt, obwohl er sich öffentlich als den Unwürdigsten zu einem so hohen Amt erklärte. In Myra hat man diese Wahl nie bereut.
Es gibt noch viel zu erzählen von Nikolaus. Er hatte einen ausgesprochenen Gerechtigkeitssinn und liebte es über alles Kinder zu segnen und zu beschenken. Wo immer er auf der Strasse erschien, war er bald einmal von unzähligen Kindern umringt. Für alle hatte er ein gutes Wort oder ein kleines Geschenk.
Ja, und heute Morgen ist dieser Nikolaus, Bischof von Myra, nach kurzer Krankheit friedlich eingeschlafen. „Wir mögen ihm seinen Frieden gönnen“, sagte mir eine weinende Frau: „Aber wir werden ihn halt doch ver-

missen! Er hat uns vorgelebt, was es heisst vom christlichen Glauben nicht nur zu reden, sondern ihn auch im Alltag zu leben. Gott sei seiner Seele gnädig."
Das war's aus Myra, ich gebe zurück nach Rom.

Sprecher

Vielen Dank Primus. Wir werden in der Spätsendung nochmals von dir hören. Das war unsere Sondersendung zum Tod von Bischof Nikolaus - präsentiert von TV Rom 1, ihrer antiken TV-Station. Und verpassen sie nicht unsere Sondersendung nächste Woche direkt aus dem Kolosseum von Rom unter dem Titel: Gut gebrüllt Löwe. Auf Wiedersehen.

Printed by Books on Demand GmbH, Norderstedt / Germany